——● 重庆工商大学经济学院"重庆市经济学拔尖人才培养示范基地"与国家一流专业建设点系列成果

◎ 重庆市博士后资助项目"成渝地区双城经济圈企业协同创新网络研究"（项目编号：2021XM2007）

◎ 重庆市教委人文社科重点研究基地项目"成渝地区共建'一带一路'科技创新合作区研究"（项目编号：23SKJD092）

成渝地区双城经济圈协同创新网络研究

CHENGYU DIQU SHUANGCHENG JINGJIQUAN
XIETONG CHUANGXIN WANGLUO YANJIU

成 肖○著

西南财经大学出版社
Southwestern University of Finance & Economics Press
中国·成都

图书在版编目（CIP）数据

成渝地区双城经济圈协同创新网络研究/成肖著.
成都:西南财经大学出版社,2024.7. --ISBN 978-7
-5504-6283-0

Ⅰ.F127.711;F127.719

中国国家版本馆 CIP 数据核字第 2024QV2589 号

成渝地区双城经济圈协同创新网络研究

CHENGYU DIQU SHUANGCHENG JINGJIQUAN XIETONG CHUANGXIN WANGLUO YANJIU

成 肖 著

责任编辑:李特军
责任校对:冯 雪
封面供图:董潇枫
封面设计:何东琳设计工作室
责任印制:朱曼丽

出版发行	西南财经大学出版社(四川省成都市光华村街55号)
网 址	http://cbs. swufe. edu. cn
电子邮件	bookcj@ swufe. edu. cn
邮政编码	610074
电 话	028-87353785
照 排	四川胜翔数码印务设计有限公司
印 刷	成都市新都华兴印务有限公司
成品尺寸	170 mm×240 mm
印 张	12.75
字 数	213 千字
版 次	2024 年 7 月第 1 版
印 次	2024 年 7 月第 1 次印刷
书 号	ISBN 978-7-5504-6283-0
定 价	68.00 元

前言

本书基于社会网络理论，立足于中国创新驱动发展战略加快实施与成渝地区双城经济圈建设等现实背景，对成渝地区双城经济圈协同创新网络进行研究。

本书的内容主要包括：构建协同创新网络理论分析框架；统计性分析成渝地区双城经济圈创新投入与产出状况；采用社会网络分析等方法，多视角考察成渝地区双城经济圈协同创新行为、协同创新主体网络、协同创新主体所在地区网络的特征；采用二次指派程序方法，对影响成渝地区双城经济圈协同创新主体网络的因素进行理论分析、实证检验与结果解释；采用面板分位数回归，对影响成渝地区双城经济圈协同创新主体所在地区网络的因素进行理论分析、实证检验与结果解释；对优化成渝地区双城经济圈协同创新网络的对策进行探讨。

该研究有助于深化对我国协同创新关系的认识，拓展协同创新影响因素研究，为提升协同创新能力提供决策支撑。

成肖

2024 年 6 月

目录

1 绪论

1.1 研究背景与研究问题的提出

1.1.1 研究背景

1.1.1.1 中国创新驱动发展战略加快实施

2012 年，中共中央首次明确提出实施创新驱动发展战略。2016 年，《国家创新驱动发展战略纲要》提出中国科技事业发展的"三步走"目标，到 2020 年进入创新型国家行列，到 2030 年跻身创新型国家前列，到 2050 年建成世界科技创新强国。党的十九大报告做出推动我国经济实现高质量发展的重大部署，提出创新是引领发展的第一动力，是建设现代化经济体系的战略支撑。党的二十大报告指出，必须坚持科技是第一生产力、人才是第一资源、创新是第一动力，深入实施科教兴国战略、人才强国战略、创新驱动发展战略，开辟发展新领域新赛道，不断塑造发展新动能新优势。

深化科技体制改革，加快实施创新驱动发展战略，使得中国创新能力不断提升，研发投入持续增加，创新活力竞相迸发，我国已成为具有全球影响力的科技创新大国。图 1.1 反映了 1995—2020 年我国研发队伍不断发展壮大的趋势。2020 年，我国按折合全时当量计算的研发人员达 523.45 万人年，是 1995 年的 7.0 倍，1995—2020 年年均增长 7.7%。我国研发人员总量于 2013 年超过美国，稳居世界第一位。图 1.2 则反映了 1995—2020 年我国研发经费投入持续快速增长的趋势。2020 年，我国研究与试验发展（R&D）经费达 24 393 亿元，是 1995 年的 70.0 倍，1995—2020 年年均增长 17.7%。我国研发经费总量在 2013 年超过日本，成为仅次于美国的世界第二大研发经费投入国家，目前每年对全球研发经费投入的贡献超过 1/6。

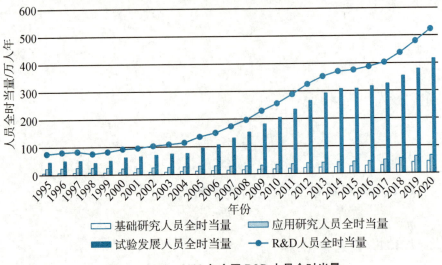

图 1.1 1995—2020 年全国 R&D 人员全时当量

注：根据 1995—2020 年的《中国科技统计年鉴》数据整理。

图 1.2 1995—2020 年全国 R&D 经费内部支出

注：根据 1995—2020 年的《中国科技统计年鉴》数据整理。

1.1.1.2 协同创新逐渐成为创新活动的重要模式

新时代立足新发展阶段，贯彻新发展理念，构建新发展格局，深入实施创新驱动发展战略，协同创新的重要性进一步显现。随着竞争环境的变化，单独的创新活动已经很难满足技术创新的需要，对外部的依赖越来越强，创新主体之间的协同创新需求越来越迫切。各创新主体在知识、技术、人力、资金等多种创新要素的交互作用下沟通、协调、合作与协同，通过资源共享、知识传递和技术扩散，实现颠覆性技术的突破与创新能力的提升。

在新形势下，企业、高校、科研机构等创新主体对互补知识、外部资源的依赖日益增强，创新不再是简单的原子式过程，而是各创新主体交互联系形成复杂协同创新网络的过程（钱锡红 等，2010）。图 1.3 至图 1.5 反映了我国高校与其他创新主体之间的互动关联情况。可以发现，高校与企业、研究机构等的互动合作在不断加强。2012—2020 年，高校与境内注册的其他企业合作的 R&D 课题数、R&D 投入人员和 R&D 投入经费分别增长了 0.9 倍、0.9 倍和 0.8 倍，高校与国内其他高校合作的 R&D 课题数、R&D 投入人员和 R&D 投入经费分别增长了 1.3 倍、1.4 倍和 2.0 倍，高校与国内独立研究机构合作的 R&D 课题数、R&D 投入人员和 R&D 投入经费分别增长了 1.3 倍、1.6 倍和 1.6 倍，高校与境外机构合作的 R&D 课题数、R&D 投入人员和 R&D 投入经费则分别增长了 3.2 倍、2.9 倍和 1.7 倍。

图 1.3 2012—2020 年高校 R&D 课题按合作形式划分的课题数

注：根据 2012—2020 年的《中国科技统计年鉴》数据整理。

图 1.4   2012—2020 年高校 R&D 课题按合作形式划分的投入人员

注：根据 2012—2020 年的《中国科技统计年鉴》数据整理。

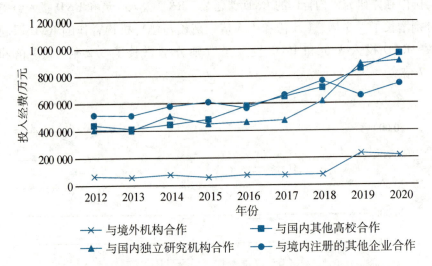

图 1.5   2012—2020 年高校 R&D 课题按合作形式划分的投入经费

注：根据 2012—2020 年的《中国科技统计年鉴》数据整理。

1.1.1.3   成渝地区双城经济圈打造具有全国影响力的科技创新中心

2020 年 1 月 3 日，习近平总书记主持召开中央财经委员会第六次会议。会议指出，推进成渝地区双城经济圈建设，有利于在西部形成高质量发展的重要增长极，打造内陆开放战略高地，对于推动高质量发展具有重要意义。2020年10月16日,中共中央政治局会议审议了《成渝地区双城经济圈建设规划纲要》,明确提出要使成渝地区成为具有全国影响力的重要经济中心、科技创新中心、改革开放新高地、高品质生活宜居地。共建具有全国影响力的科技创新中心成为中央赋予成渝地区的重要战略定位与使命,强调要从建设成渝综合性科学中心、优化创新空间布局、提升协同创新能力、营造鼓励创新的政策环境等方面发力。

近年来,川渝地区在重大科技基础设施建设、基础研究能力提升、关键核心技术攻关、科技成果转化、创新人才集聚等方面持续发力,创新能力得到大幅度提升。图1.6至图1.7反映了2012—2020年重庆和四川有效专利数的增长情况。可以看出,川渝地区有效专利数呈现良好的增长势头,且专利结构得到优化。2012年到2020年,重庆和四川有效专利数分别增长了2.5倍和2.8倍,其中有效发明专利数分别增长了4.2倍和4.4倍,有效实用新型专利数则分别增长了3.1倍和4.1倍。

图1.6 2012—2020年重庆有效专利数

注:根据2012—2020年的《中国科技统计年鉴》数据整理。

图 1.7 2012—2020 年四川有效专利数

注：根据 2012—2020 年的《中国科技统计年鉴》数据整理。

1.1.2 研究问题的提出

根据中国创新驱动发展战略与成渝地区双城经济圈建设等国家战略的内涵要求，本书聚焦区域视角，关注成渝地区双城经济圈创新问题。立足协同创新重要性日益凸显的现实背景，本书将社会网络理论应用于协同创新研究，以成渝地区双城经济圈协同创新网络为研究对象，拟对以下三个关键性问题予以解答。

（1）成渝地区双城经济圈协同创新网络有何特征？本书所关注的基础且至关重要的问题是：以联合申请专利衡量协同创新，近年来成渝地区双城经济圈协同创新发展态势如何？联合申请专利的地区分布有何特征？联合申请专利的 IPC 分布有何特征？以联合申请专利数据构建协同创新主体网络，近年来成渝地区双城经济圈协同创新主体网络的结构演化有何特征？网络节点有何特征？以联合申请专利数据构建协同创新主体所在地区网络，近年来成渝地区双城经济圈协同创新主体所在地区网络的结构演化有何特征？网络节点又有何特征？

（2）影响成渝地区双城经济圈协同创新网络的因素有哪些？在把握成渝地区双城经济圈协同创新网络的特征后，随之而来的疑问是：影响协同创新的微观层面因素有哪些？影响协同创新的中观层面因素有哪些？影响协同创新的宏观层面因素有哪些？影响协同创新主体网络结构演化的因素有哪些？影响协同创新主体所在地区网络结构演化的因素有哪些？是否存在非线性影响？本书将对这一系列问题进行解答。

（3）如何优化成渝地区双城经济圈协同创新网络？推动协同创新必须理顺政府和市场的关系，使有效市场和有为政府协调联动。坚持市场在资源配置中发挥决定性作用，为优化成渝地区双城经济圈协同创新网络，政府应采取何种政策措施来营造发展环境，从而为协同创新提供有力支撑？

1.2　研究意义

1.2.1　学术价值

（1）将社会网络理论应用于协同创新研究，考察成渝地区双城经济圈协同创新网络，既丰富了区域经济研究主题，也拓展和深化了创新研究。

（2）构建协同创新网络的理论框架，有助于从理论高度深刻领会新时代创新驱动发展的科学内涵、精神实质、内在逻辑和实践要求。

1.2.2　应用前景

（1）对成渝地区双城经济圈协同创新网络进行度量分析，有助于各级政府部门科学研判成渝地区双城经济圈协同创新发展面临的新情况、新问题、新挑战。

（2）对影响成渝地区双城经济圈协同创新网络的关键因素的实证探寻，有助于准确把握制约协同创新能力提升的深层原因，进一步提高决策的科学性。

（3）对优化成渝地区双城经济圈协同创新网络的长效机制及政策支撑的探讨，可以为各级政府协同推进成渝地区双城经济圈建设提供具体策略与可行路径的借鉴。

1.3　研究思路与研究内容

1.3.1　研究思路

本书秉承的总体思路为：提出问题→理论研究→特征事实研究→实证研究→政策研究。基于中国创新驱动发展战略加快实施与成渝地区双城经济圈建设等现实背景，提出系列关键问题：成渝地区双城经济圈协同创新网络有何特征？影响协同创新网络的因素有哪些？如何进一步优化成渝地区双城经济圈协同创新网络？一是通过文献梳理与理论借鉴，结合现实要求，构建成渝地区双城经济圈协同创新网络的理论模型；二是运用社会网络分析、描述统计等方法分析成渝地区双城经济圈协同创新网络的特征事实，力图准确把握本书研究的现实基础；三是通过对成渝地区双城经济圈协同创新网络影响因素及作用机理的实证验证与结果解释，揭示背后的深层原因；四是基于现实背景和研究结论，探讨优化成渝地区双城经济圈协同创新网络的相应政策支撑。本书研究的技术路线如图 1.8 所示。

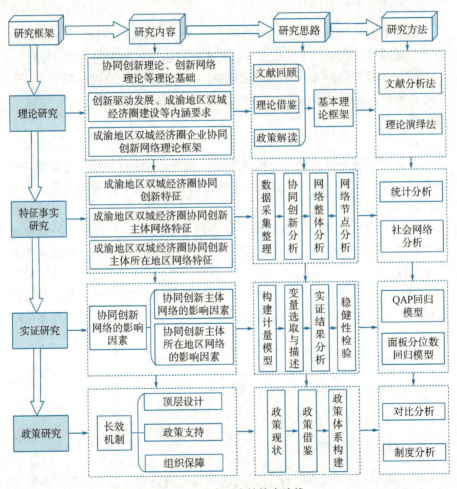

图 1.8　本书研究的技术路线

1.3.2　研究内容

本书的研究内容共有9章。

第1章，绪论。本章主要阐明本书选题的由来、研究拟解决的问题和研究意义，介绍本书的研究思路、内容、方法以及创新点。

第2章，文献综述。本章系统梳理并总结既有研究文献：一是回顾协同创新内涵研究、协同创新行为研究；二是从网络结构、网络机制和网络治理三个方面梳理协同创新网络研究；三是总结影响协同创新的因素，包括协同创新主体特征因素、协同创新关系特征因素和协同创新外部环境因素。在对既有研究文献进行述评的基础上，探明本书研究的切入点。

第3章，概念界定、理论基础与理论分析框架。一是对成渝地区双城经济圈、协同创新网络等核心概念进行界定，明确本书的研究范围；二是在国家创新体系理论、三螺旋理论、协同理论、社会网络理论等理论基础上，构建本书协同创新网络理论分析框架，为后文的实证分析奠定理论基础。

第4章，成渝地区双城经济圈创新现状。本章利用相关统计数据对成渝地区 R&D 人员、创新支出等创新投入现状，规模以上工业企业、研究与开发机构、高等学校等主要创新主体现状，专利、论文、技术成交等创新产出现状进行统计分析，把握成渝地区双城经济圈创新活动的整体特征。

第5章，成渝地区双城经济圈国际协同创新现状。本章利用合作科技论文数据分别对重庆、四川与共建"一带一路"国家的学术研究合作现状进行统计分析，具体包括论文合作的时间分布、区域分布、国别分布、作者数量分布、论文引用分布和主要研究领域等。进一步地，利用合作专利数据对中国与共建"一带一路"国家的产业研发合作现状进行统计分析。

第6章，成渝地区双城经济圈协同创新网络分析。为全面把握成渝地区双城经济圈协同创新现状，一是采用联合申请专利数据分析成渝地区双城经济圈企业协同创新的整体特征、地区差异、IPC 分类等，二是构建协同创新主体网络，分析成渝地区双城经济圈协同创新主体网络的整体结构与节点特征，三是构建协同创新主体所在地区网络，分析成渝地区双城经济圈协同创新地区网络的整体结构与节点特征。

第7章，成渝地区双城经济圈协同创新主体网络的影响因素研究。本章在刻画成渝地区双城经济圈协同创新主体网络特征的基础上，基于二次指派程序（quadratic assignment procedure，QAP）对成渝地区双城经济圈二值协同创新主体网络的影响因素、多值协同创新主体网络的影响因素进行实证分析，并进行稳健性检验。

第8章，成渝地区双城经济圈协同创新主体所在地区网络的影响因素研究。在刻画成渝地区双城经济圈协同创新主体所在地区网络特征的基础上，基于面板分位数回归对点度中心度的影响因素、中间中心度的影响因素和接近中心度的影响因素进行实证分析，并进行稳健性检验。

第9章，优化成渝地区双城经济圈协同创新网络的政策研究。一是对成渝地区双城经济圈协同创新政策现状进行整体把握，二是对京津冀协同创新政策、长三角协同创新政策和粤港澳大湾区协同创新政策进行经验借鉴，三是从顶层设计、政策支持和组织保障层面探索构建成渝地区双城经济圈协同创新政策体系。

第10章，研究结论与研究展望。本章归纳总结本研究的主要结论，并指出未来研究的方向。

1.4 研究方法

为对本书提出的关键性问题予以科学、可靠的解答，在总体性方法论上，本书采用了规范分析与实证分析相结合、理论分析与经验分析相结合、定性分析与定量分析相结合的方法。在研究过程中，本书所使用的具体方法如下：

（1）文献资料法。根据实际研究需要，本书全面系统地梳理有关协同创新研究的理论文献和实证文献，厘清发展脉络，把握研究的最新动态。通过对文献资料的借鉴与评述，探明本书研究的切入点。

（2）理论演绎方法。借鉴国家创新体系理论、三螺旋理论、协同理论、社会网络理论等基础理论，构建本书协同创新网络理论分析框架，为后文的实证分析奠定理论基础。

（3）统计分析方法。本书对成渝地区双城经济圈创新现状进行统计分析，包括 R&D 人员、创新支出等创新投入现状，规模以上工业企业、研究与开发机构、高等学校等主要创新主体现状，专利、论文、技术成交等创新产出现状；对成渝地区双城经济圈联合申请专利数据进行统计分析，包括整体趋势特征、地区分布特征、IPC 分布特征、协同创新主体特征、协同创新主体合作模式特征等。

（4）社会网络分析方法。社会网络分析方法从关系的角度出发研究社会现象和社会结构，是研究网络的主要方法。本书构建成渝地区双城经济圈协同创新主体网络与协同创新主体所在地区网络，基于社会网络分析，采用网络规模、网络密度、节点度等指标对网络整体结构与节点特征进行考察。

（5）QAP 回归分析方法。在研究关系数据之间的关系时，传统的统计分析和回归估计方法是无效的。QAP 回归分析方法是研究关系数据之间的关系的特定方法，它以对矩阵数据的置换为基础，给出矩阵之间的相关系数，同时对系数进行非参数检验。因此，本书采用 QAP 矩阵回归分析对成渝地区双城经济圈协同创新主体网络的影响因素进行回归检验。

（6）面板分位数回归方法。面板分位数回归方法既能够很好地控制个体的异质性，还能够分析在特定的分位点上解释变量对被解释变量的边际效应。本书采用固定效应面板分位数模型对影响成渝地区双城经济圈协同创新主体所在地区网络的因素进行回归分析，实证检验了不同分位点上影响因素对节点度的影响。

1.5　研究的创新之处

（1）研究视角上的创新。一是本书隶属经济学、社会学交叉学科研究，以成渝地区双城经济圈协同创新网络为研究对象，运用社会网络分析等方法科学刻画其特征，是将社会网络理论应用于协同创新研究和区域协调发展场景中的有益尝试；二是协同创新网络是各创新主体组成的协同群体，但目前针对创新主体关系，即协同创新主体网络的研究尚未得到足够重视。区别于既有基于空间联系视角的研究，本书侧重从创新主体关系视角来构建协同创新主体网络，丰富对我国协同创新网络的认识。

（2）研究内容上的创新。一是采用网络规模、网络密度、平均最短路径、平均度数、平均聚类系数、点度中心度、中间中心度、接近中心度、节点强度、节点度与节点强度的相关度等大量指标来刻画成渝地区双城经济圈协同创新网络的现实特征；二是利用创新主体关系数据实证检验创新主体类型模式对协同创新关系的影响，可以加深对协同创新关系的理解，拓展协同创新影响因素的研究。

（3）方法应用上的创新。一是考虑到传统回归分析在研究关系数据之间的关系时的无效，运用 QAP 方法对协同创新主体网络的影响因素进行回归检验，可以更严谨地揭示协同创新关系的形成机制；二是采用面板分位数模型对影响成渝地区双城经济圈协同创新主体所在地区网络的因素进行回归分析，实证检验不同分位点上的影响因素对节点度的影响，可以提高研究结论的可靠性和相关政策制定的有效性。

2 文献综述

2.1 协同创新研究

2.1.1 协同创新内涵

Gloor（2006）将协同创新视为一个具有集体愿景、由自我激励的人员所组成的网络小组，借助网络来分享信息、思路，从而实现共同目标。Serrano 和 Fischer（2007）从网络视角来解读协同创新，认为协同创新是涉及信息、技术、知识等资源互相交换和融合的复杂网络系统，是一个从沟通、协调、合作及协同的过程。Persaud（2005）则指出，协同创新是科研工作者为了提升创新绩效而加强在研发过程中的协调与合作，从微观个体视角对协同创新进行内涵界定。另有学者从中观组织视角来考察协同创新。例如，Ketchen 等（2007）认为，协同创新是创新组织为了维持创新而推动专门技术、思想和知识等资源实现跨组织转移与共享的过程。Soeparman 等（2009）强调，协同创新是指组织对不断变化的外部环境采取有效的应对措施来提升组织创新绩效的过程。

在国内研究中，胡恩华和刘洪（2007）强调外部环境的影响，认为协同创新是集群创新企业与集群外环境之间既相互竞争、制约，又相互协同、受益，通过复杂的非线性相互作用产生企业自身所无法实现的整体协同效应的过程。陈劲和阳银娟（2012）从协同创新的过程视角来分析，认为协同创新是企业、政府、中介机构等组织为了实现科技创新而开展的组织互动模式，并指出协同创新以知识增值为核心。侯二秀和石晶（2015）将协同创新界定为：企业与中介机构及金融机构等组织相互合作，实现资源互补和效率的提升，创造价值的过程。范群林等（2014）从社会网络角度指出，协同创新是在创新网络化过程中，政、产、学、研四方基于彼此之间的信任，为实现共同目标而进行的合作。陈芳和眭纪刚（2015）指出，协同创新的实质是一个演化过程，是一个以某创新主体为主导、其他创新主体为辅的主要要素一体化的深度协作互动的价值创造和能力提升过程，具有系统性、开放性、动态性和主导性等特点。张艺等（2018）则从微观、中观及宏观三个层次对协同创新的内涵进行界定与理解。微观层面的协同创新是构筑协同创新系统的基础和基本单元，它指的是创新组织科研团队内部及相互之间形成的知识共享机制，通过多方位交流与多样化协作来应对大科学时代的挑战；中观层面的协同创新指的是企业、大学、科研院所等基本创新主体发挥各自资源优势与创新能力，在政府、科技服务机构、金融机构等相关中介主体支持下，实现"1+1+1>3"的协同效应过程，是协同创新效应得以实现的重要途径和手段；宏观层面的协同创新指的是知识创新体系与经济体系之间紧密结合，解决科技与经济"两张皮"的问题，促使科技、教育与经济融合发展。

2.1.2　协同创新行为

在明晰协同创新内涵的基础上，学者们基于不同视角，采用不同方法对协同创新行为展开评价。在国家层面，Togar 和 Sridharan（2005）从信息共享、决策同步和合作激励 3 个方面构建了协同创新指标体系。Philbin（2008）建立了基于转换过程的协同创新评价模型。李林等（2014）提出了基于云理论的区域科技协同创新绩效评价模型，从区域科技协同创新绩效评价协同投入要素、协同过程要素、协同产出要素和协同影响要素 4 个方面选取 51 个指标形成区域科技协同创新绩效评价指标体系，并对我国 31 个省级行政区域科技协同创新绩效进行评价，发现我国区域科技协同创新存在企业协同创新投入人员不足、高校协同创新经费来源紧张、科研机构协同创新人员与经费紧张、科技中介体系不健全及服务质量不高、政府的政策支持体系还不够完善以及政府协调整合能力不足等问题。吴笑等（2015）在指标体系的基础上构建了协同创新的协同度测度模型，对协同度的测度从主体协同、过程协同、要素协同、机制协同、体制协同与协同效果 6 个层面展开。其中，主体协同主要考察企业、大学与科研院所等主体通过构建链式与网式关系推进协同创新的程度，过程协同主要考察各主体之间通过知识共享、知识创造形成知识优势过程的协同程度，要素协同主要考察各主体战略要素、技术要素、组织要素、文化要素、制度要素等要素的协同程度，机制协同主要考察协同创新过程中动力机制、选择机制、利益分配机制、信任机制、冲突协调机制、风险防范机制 6 类机制的协同程度，体制协同主要考察各主体的政策一致性程度，协同效果则从成果角度考察协同创新的创新绩效。姜彤彤和吴修国（2017）基于 DEA-Tobit 两步法对我国产学研协同创新效率进行评价并进行了影响因素分析。研究指出：我国多数省份产学研协同创新活动距离生产前沿面有距离，在省际层面，江苏、广东技术超效率值最高，上海产学研协同创新纯技术效率有效而规模无效，其他省域纯技术和规模都无效；在区域层面，东部地区产学研协同创新技术效率、纯技术效率和规模效率最高，中西部地区次之。邱洪全（2021）将协同主体、协同任务、协同要素、协同机制、协同绩效和支撑要素等多元协同维度纳入统一的分析框架，构建多元协同的应急科研协同创新机制，并对协同活动进行动态评价。

在区域层面，鲁继通（2015）运用复合系统协同度模型，从知识创造和获取能力、技术创新和应用能力、创新协同配置能力、创新环境支撑能力、创新经济溢出能力 5 个维度构建评价指标体系，测度京津冀协同创新度。孙振清等（2021）采用三阶段 DEA 方法测算京津冀、山东半岛、长三角和珠三角城市群协同创新效率并分析其时空特征，结果显示，除山东半岛城市群外，其他三大城市群的平均综合效率值均较第一阶段下降。吴卫红等（2022）在明晰跨区域协同创新绩效内涵的基础上，构建跨区域协同创新复合系统，从协同投入、协同产出角度，对比研究京津冀地区和长三角地区的跨区域协同创新绩效水平。结果表明：长三角内部各区域间协同创新绩效水平呈阶梯状多元化分布，京津冀内部各区域间协同创新绩效水平呈极端化分布；长三角地区整体协同创新绩效水平高于京津冀地区。吴康敏等（2022）构建包括技术创新、知识生产、创新资本 3 个维度的协同创新测度指标体系，对粤港澳大湾区协同创新水平进行综合测度。研究发现，粤港澳大湾区创新流空间结构呈现出显著的极化特征，深圳、香港、广州在创新流空间网络中占据绝对核心地位，并且随着时间推移，该极化效应不断强化。许天云和杨凤华（2023）从创新投入、创新环境和创新成果 3 个方面构建长三角区域科技协同创新水平的指标体系并进行测度。研究发现，2016—2020 年，长三角区域整体的科技协同创新水平虽在提升，但是主体间的协同创新水平却在下降，阻碍了长三角地区一体化发展的总体进程。李守亳和王学良（2023）从创新资源投入能力、创新成果产出能力、创新绩效溢出能力和创新环境支撑能力4个维度构建珠江—西江经济带协同创新体系协同度评价指标体系并进行测度，指出珠江-西江经济带11个地级市的子协同创新体系有序度存在较大差距，导致整体协同创新体系呈现"协同失灵"。

在中观产业或组织层面，既有研究重点关注军民融合协同创新、高校协同创新、产业协同创新等领域。一是军民融合协同创新。胡红安和刘丽娟（2015）在分类并量化军民融合产业创新协同系统指标体系的基础上，运用复合系统协同度模型对军民融合产业创新协同度进行实证分析，研究指出，我国军民融合产业创新主体与创新要素子系统的有序度趋势并不协调，创新系统整体协同度处于低度协同水平。索超（2018）从融合基础、融合广度、融合深度以及融合效果4个方面构建军民融合企业科技协同创新机制评价指标体系进行测度。二是高校协同创新。王美霞（2018）从协同创新投入、协同创新产出、协同创新转化、协同创新合作、协同创新支撑5个方面构建高校协同创新能力评价指标体系，采用全局主成分分析法测算了中国高校的协同创新能力。李罜和吴和成（2020）运用 Bootstrap-SE-DEA 模型对高校协同创新效率进行测度。研究发现，2012—2016年，我国每年至少有3/4的地区的高校协同创新效率值在1以下，约一半的地区的高校协同创新效率值在0.5以下；近年来，我国高校协同创新效率总体有上升的趋势，但8大综合经济区高校协同创新效率呈现出不同的特点。解志韬等（2021）对长三角"双一流"高校协同创新的基本特征与时空演进规律进行了评价，研究认为：长三角"双一流"高校合作授权专利数量快速增长但占比仍然偏低；各高校协同创新网络随时间呈现出不同的演进规律，但高水平大学仍占据网络的中心位置；高校—企业的应用型合作是长三角协同创新的主要形式且受到地理距离约束，而高校—高校、高校—科研院所等基础型合作则不受地理距离约束。三是产业协同创新。刘玉莲和张峥（2019）基于复合系统协同度模型，对我国高新技术产业创新系统的协同度进行测度。研究结果显示，我国高新技术产业创新系统的协同度整体偏低且不同行业间存在较大的差距。其中，通信设备制造和化学药品制造等行业协同演化水平较高，而航天器制造行业的创新吸收子系统有序度相对较低。张曼和菅利荣（2020）采用 DEA 模型对中国高技术产业5大类、15个细分子行业的协同创新效率进行测算。研究发现：医药制造业产学研协同创新效率整体处于稳定状态，但成果转化效率低于技术研发效率且无明显的增长趋势；航空航天器制造业产学研协同创新效率明显低于平均水平且技术研发效率显著低于成果转化效率；电子计算机及办公设备制造业和电子及通信设备制造业两个行业的产学研协同创新效率相对较高并保持稳定；电子计算机及办公设备制造业和电子及通信设备制造业两个行业的产学研协同创新效率相对较高并保持稳定。刘国巍和邵云飞（2020）以新能源汽车产业为例，对我国战略性新兴产业的协同创新水平进行测度。

另有针对协同创新行为的分析基于微观视角而展开，包括聚焦企业协同创新的研究和聚焦研发机构协同创新的研究。例如，范建红等（2019）对煤炭企业产学研创新系统的协同度进行了测度。2010—2016 年，煤炭企业产学研创新系统的协同度处于中等水平。高校与科研机构创新子系统之间的协同度呈线性增加，而煤炭企业与高校创新子系统之间的协同度、煤炭企业与科研机构创新子系统之间的协同度以及系统整体的协同度呈倒"U"形关系。刘志迎等（2020）通过对我国部分省市的企业进行调查研究，探讨了协同创新对企业创新绩效的影响。研究结果表明：企业与政府、竞争者、供应商、客户、研究组织、中介机构的协同创新对企业创新绩效均有显著的正向影响；竞争者与政府、供应商、研究组织、中介机构的协同创新会对相应的企业协同创新与企业创新绩效的关系起正向调节作用，但竞争者-客户协同创新没有这样的调节作用。侯光明等（2021）利用企业调研数据，对中国新能源汽车企业协同创新模式的创新绩效展开分析。研究发现：核心依托型协同创新模式、平台辐射型协同创新模式与产业拓展型协同创新模式 3 种协同创新模式均能促进创新绩效提升，动态知识管理能力是发挥不同协同创新模式促进作用的重要变量，环境不确定性在很大程度上是影响协同创新模式选择的关键因素。夏太寿等（2014）重点对我国 6 家新型研发机构协同创新模式与机制进行了研究。研究指出，相比于传统机构，新型研发机构具有功能定位体现政府导向、治理模式去行政化、体制机制灵活创新、政产学研高度协作等特点，新型研发机构协同创新机制是投入机制、收益机制、运作机制、用人机制、考核机制与激励机制的耦合。王婉娟和危怀安（2016）从自主创新能力、协同投入产出能力、协同关系管理能力、协同环境支撑能力 4 个层面构建了国家重点实验室协同创新能力评价指标体系，采用模糊层次分析等方法对 26 个国家重点实验室的协同创新能力进行模糊综合评价。连晓晓等（2023）以高新技术企业为研究对象，以创新网络和协同创新为主线构建了高新技术企业协同创新绩效概念模型，进而提出包含 4 个一级指标、20 个二级指标的高新技术企业协同创新绩效评价指标体系，基于主观、客观权重组合赋权的视角，对高新技术企业的协同创新绩效进行了综合评价。

2.2 协同创新网络研究

2.2.1 协同创新网络结构

对协同创新网络结构的考察是基于整体视角、行业视角和区域视角而展开的。在整体层面，袁剑锋等（2017）利用 1985—2012 年联合申请专利数据，基于权重结构视角考察我国产学研合作网络关系分布及结构演化。研究结果显示：我国产学研合作网络关系分布不均衡，并没有形成强强合作的集聚现象，强关系主体合作广度差异性降低而深度异质性逐渐增强，网络中富人俱乐部现象并不明显，且网络主体间的合作质量偏低。孙天阳和成丽红（2019）同样利用 1999—2007 年联合申请专利数据构建中国协同创新网络，刻画协同创新网络的拓扑结构和企业、大学和科研单位的网络地位及格局演化，研究得出以下主要结论：整体上，中国专利申请和协同创新的数量逐年增加，而且增速不断加快；京津冀地区、长江三角洲地区和珠江三角洲地区是中国协同创新最密集的地区，近年来中国协同创新网络逐渐由"几支独秀"格局转向"遍地开花"格局；协同创新网络的核心节点主要为大型集团公司及旗下子公司和分公司、国内知名大学、科研院所和垄断资源行业企业。王圣云等（2021）对 1998—2017 年中国协同创新网络的结构特征与格局演化进行了考察。研究结果表明：中国各省（自治区、直辖市）的创新能力均有明显提升，但不同省份的创新能力仍有明显差距且呈逐渐扩大趋势。在四大区域中，创新能力最强的是东部地区，东北地区的创新能力已被中部地区和西部地区反超；省际创新能力耦合网络的密度与强度都有明显增强，极化特征明显，耦合网络空间范围向东部和中部地区集中，省份间在开展协同创新的过程中出现了明显的小团体集聚现象。

在行业层面，高霞和陈凯华（2016）利用联合申请专利数据，以我国 ICT 产业产学研合作网络为研究对象进行分析，指出我国 ICT 领域协同创新网络的规模呈扩大趋势,复杂网络特征显著,具有明显的小世界性和无标度特征。赵泽斌等(2019)关注国防科技产业联盟协同创新网络,从网络规模、关系强度、同质性和开放性4个参数维度对网络结构及演化进行刻画。研究发现:我国国防科技产业联盟协同创新网络是水平与垂直网络交织的复杂网络,既存在产学研主体共同建立的产学研协同创新网络,也存在由大型军工企业主导的产业链式协同创新网络;网络主体之间通过价值链、信息链与创新链"三链融合";国防科技产业联盟协同创新网络整体具有多元性、资源分布不均、开放性、动态性、关系强度不同等社会网络特征。杨春白雪等(2020)以LED照明技术协同创新网络为研究对象,发现协同创新网络规模的扩大和较低的密度,网络结构整体呈现小世界性向无标度网络演化的特征。苏屹和曹铮(2022)则针对新能源汽车产业协同创新网络展开分析,研究结果表明,协同创新网络呈现多中心化趋势,子群之间的凝聚力较差。刘窈君和杨艳萍(2022)剖析中国粮食产业产学研合作网络的整体结构和主体特征的动态演化,发现网络的规模、范围明显扩大,并且无标度特征、小世界性及核心—边缘结构越来越显著。索琪等(2022)利用1985—2017年电子信息产业的专利数据构建协同创新网络,揭示了电子信息产业协同创新网络的时空演化态势。研究的主要结论有:中国电子信息产业已进入快速发展阶段,网络连通性增强,核心—边缘结构特征显著;电子信息产业创新合作模式由以研究所为主导逐渐转向以企业为主导、高校和研究所作为知识伙伴的协同创新模式;电子信息产业协同创新网络的空间格局非均衡发展特征显著,跨区域合作呈现出以核心区域为主的放射型网络形态。许学国等(2023)针对集成电路产业链协同创新网络展开研究,研究指出:集成电路产业链协同创新网络由"单核心"向"多核心"网络结构转变,网络小世界性显著,层级性清晰;开放型三角结构对网络演化呈倒"U"形曲线关系;研发主体的中心性、结构洞属性对网络演化起显著的促进作用;网络演化具有显著的组织邻近性特征。

在区域层面,胡平等(2016)以北京市协同创新中心为研究对象,利用北京市71家协同创新中心和288个组建主体的相关数据构建协同创新网络,考察其网络特征和网络结构。研究结果表明:2011—2013年,北京市协同创新中心发展经历了明显的蛰伏、萌芽、培育三个阶段,协同创新中心发展仍处于初期,协同中心数量和参与协同的组建主体数量的增长明显快于主体之间合作关系的增长；牵头组建主体在网络中的桥梁作用明显，具有较强的传播网络信息的能力；协同创新网络具有明显的集聚效应和小世界效应；部分组建主体在网络中的位置和角色相似；协同创新中心以面向特定行业产业的工程技术创新需求和面向科学前沿的自然科学创新需求为主。张珩等（2016）利用江苏省校企合作申请发明专利数据，对江苏校企专利合作网络的演化特征进行了分析。周涵婷等（2017）聚焦浙江省高校产学研协同创新网络，基于2000—2015年浙江省29所本科高校合作发明专利信息构建浙江省高校产学研协同创新网络，对网络规模、网络密度和网络中心势等网络结构指标进行了测度。研究结果表明：2000年以来，浙江省高校产学研协同创新网络的规模迅速扩大，但网络密度呈下降趋势，网络整体联系仍较为松散。此外，还存在网络中心势过高、网络资源过于向关键节点集中等问题。徐宜青等（2018）利用2001—2015年长三角城市群合作专利数据构建协同创新网络，采用块模型分析、凝聚子群分析、知识复杂度测算等方法对长三角城市群协同创新网络进行了分析。研究得出以下结论：长三角城市群创新模式实现了由外部型向综合型的转变；在长三角城市群协同创新网络中，上海、南京的创新带头作用显著；长三角城市技术知识生产水平与其技术知识复杂度的相关性较低。潘春苗等（2022）基于跨城市合著论文、跨城市联合申请发明专利、省际技术交易数据，构建协同创新网络并对比分析了京津冀地区、长三角城市群、粤港澳大湾区协同创新网络结构和空间特征。研究发现：京津冀地区、长三角城市群和粤港澳大湾区的知识创新合作网络与专利技术合作网络的整体特征相统一，粤港澳大湾区各项指标位居首位；北京、上海是重要的技术输出地，广东得益于良好的科技成果转化配套条件，成为北京、上海技术输出的重要吸纳地。陈瑾宇和张娟（2023）以2018—2022年兰西城市群联合申请专利数据构建城市群协同创新网络，从产学研网络和城际关系网络两个维度研究兰西城市群协同创新内、外部产学研网络和城际关系网络的结构洞与中间人。研究发现：兰西城市群协同创新产学研网络整体松散、韧性不足。以兰州大学和青海大学为代表的高校占据着结构洞的位置并积极充当中间人，促进了城际关系的产生；网络内部缺少创新能力较强的核心企业，技术市场能力较弱，导致高校和科研机构更趋于与外部主体开展合作；兰州与西宁控制着城际关系网络，并通过充当守门人和代理人与城市群外部城市建立合作关系。王明益等（2023）人工收集自由贸易试验区的地理空间信息，以全球卫星定位系统识别并绘制园区地理边界，在匹配 2010—2019 年专利数据和各主体的经纬度后，运用空间断点回归法考察自由贸易试验区战略的协同创新网络效应，研究发现自由贸易试验区的设立显著提升了区内协同创新水平。吴艳婷等（2023）利用山东省城市之间的论文和专利合作数据构建山东省城市协同创新网络，对其网络结构特征进行考察。戴靓等（2023）基于发明专利联合申请数据长三角地区城市协同创新网络，研究发现：长三角协同创新网络呈现出等级与组团、跳跃与邻近并存的格局；上海、杭州、南京一直稳居创新合作的前 3 名，沪宁杭合甬创新通道日益凸显，逐渐演化为 3 个以省界为边界、高能级城市为核心的江苏—上海组团、浙江组团和安徽组团；安徽城市的发展较为本地化、边缘化；长三角地区城市协同创新网络规模和强度逐年提升，当前网络与前一期网络整体上的结构相似性超过 80%；等级结构趋向收敛，集聚特征不断强化，网络向多核联动的均衡化、社群化发展。

成渝地区协同创新网络状况引发了学者们的广泛关注。例如，吕丹和王等（2020）基于成渝城市群 2006—2018 年的各地级市联合申请专利数据构建创新网络，对其结构特征进行讨论，认为成渝城市群创新网络整体结构满足小世界特性和核心—边缘特征。宋潇（2021）则利用 2006—2019 年成渝地区双城经济圈内 2 915 项科技进步奖合作项目数据来构建协同创新网络，指出网络呈现规模、合作关系、凝聚力增长的趋势，以重庆大学、四川大学为代表的高校是合作网络中的核心参与者，并占据了相当数量的结构洞。曾龙基等（2022）以成渝地区 2002—2019 年专利许可和交易数据构建技术双向流动网络，研究表明网络整体密度较低且各子群内部融合性较差。龚勤林等（2021）从基础创新和协同创新两个维度构建城市协同创新指标体系，研究成渝地区双城经济圈协同创新网络，发现整体网络联系尚不稳定，协同创新联系强度断层现象严重，凝聚子群重构优化形成"成都—荣昌—永川—重庆主城"的协同创新主轴，但缺乏跨越地理格局和行政区划的创新凝聚子群。伊辉勇和陈豪（2022）以 2012—2020 年成渝地区创新获奖数据和专利数据构建协同创新网络，研究了成渝地区双城经济圈高新技术产业集群协同创新网络结构及演化的规律和特征。研究发现，成渝双城经济区协同创新网络结构呈小世界网络—无标度网络—小世界网络演化，网络规模逐步扩大，网络密度降低，形成以重庆大学、西南交通大学等高校为核心节点的小世界网络。

2.2.2 协同创新网络机制

目前，有关协同创新网络机制的研究主要聚焦于运行机制。张万宽和刘嘉（2013）指出，产业化协同创新网络中存在官僚制型、企业家型和共同体型三种基本运行机制。其中，官僚制型由政府主导和提供资金，遵循政府指令或指导，以达到政府制定的创新标准为主要目的；企业家型由企业主导和提供资金，按市场规则和原理运作，以实现企业利润为最终目标；共同体型则强调协商和共同参与，以学术和专业发展为导向。王海军和冯军政（2017）指出，资源无障碍引入和退出机制、参与约束和激励相容机制与动态优化机制，可以提高协同创新效率。郑季良和王少芳（2018）基于技术创新机制、创新环境机制和创新治理机制来构建高耗能产业群协同创新网络运行机制的结构模型及评价指标体系。王海花等（2020）在分析长三角城市群协同创新网络结构特征演化的基础上，构建ERGM 模型研究长三角城市群协同创新网络形成机制的内在、外在影响因素。廉军伟和曾刚（2021）以浙江新昌县为例，探讨了科创飞地嵌入区域协同创新网络后的运行机理。研究指出：科创飞地是区域协同创新网络的重要节点，嵌入区域协同创新网络之后，通过多重功能叠加组合降低创新搜索成本、提高创新协同精准性，改变区域协同创新空间互动机理，提升网络运行效率和传导效应，同时为网络中科技创新资源相对弱势地区开展科技创新提供良好途径。尹翀等（2022）以中原城市群先进材料产业为研究对象，揭示了创新簇、创新元组、主体创新协同力与空间覆盖度、城市创新协同力与载体支撑力等协同创新机制特征。研究结果显示：中原城市群协同创新关系集中化程度较低，创新主体协同水平不均衡，自发性技术合作较为活跃；企业及所属研究平台协作能力突出，校企协同机制较为成熟，而科研院所创新支撑力不强且协作水平不高；中原城市群内城市间的创新协作分工清晰，同中原城市群外城市的创新协同度较高；以大学和科技服务机构为中心的创新簇是中原城市群协同创新体系的核心。谭清美和赵真（2022）基于行动者网络理论的视角，揭示军民融合产业协同创新网络的内在运行机制和逻辑。研究指出：政府是军民融合产业协同创新网络中的核心行动者，国有军工企业、军队等是其他人类行动者，产业环境、发展愿景是非人类行动者；在协同创新网络初期运行过程中，政府通过识别强制通行点挖掘并赋予合作利益，吸引其他行动者加入网络；协同创新网络进入动员阶段后存在多种参与模式，核心行动者或变为军工企业。

另有学者关注协同创新网络内部子系统机制，但研究较为分散，包括驱动机制、交流机制、利益分配机制等。一是在演化驱动机制方面，周正等（2013）对我国产学研协同创新动力机制进行了研究。徐维祥等（2022）构建了以网络节点韧性、网络结构韧性以及网络群落韧性为核心的城市网络韧性评价体系，并运用 ERGM 模型分析长三角协同创新网络韧性形成的驱动机制。研究结果表明：长三角协同创新网络节点韧性分布格局呈动态演进特征；整体网络结构韧性表现为曲折提升趋势；创新网络群落逐渐减少，聚集指数持续上升；创新合作互惠性及交互性逐渐成为创新网络韧性强化的驱动因素，产业结构及对外开放的驱动作用也较为显著，而创新网络韧性与信息距离网络存在强依赖性。二是在网络交流机制方面，刘凡丰等（2012）基于马斯洛需要层次理论，把政产学合作共建产业技术研究院所需要的网络交流机制分成三种机制，即物质交换机制、信息沟通机制和知识交流机制。其中，在物质交换机制中，高校希望得到政府、企业的资金支持，政府和企业期望高校技术成果转化，该机制对应着消化吸收式创新；在信息沟通机制中，研究院成为政产学多方沟通信息的窗口，该机制对应着集成创新；在知识交流机制中，多方期待整个社会的创新能力得到提升，形成学习化社会，该机制对应着原始创新。柏利等（2022）在提出应用需求视角下的军民科技协同创新网络体系的基础上，对协同创新网络信息推送机制进行了探讨。在军事需求正向响应及发掘方面，应加强顶层设计，建立军事需求的响应机制；优化组织架构，完善军事需求的发掘流程；着力逆向发掘，加大军事需求的发掘力度。在民用技术逆向发现及推送方面，涵盖基于大型军工企业的技术发现与推送、基于科技中介机构的技术发现与推送、基于科技中介机构的技术发现与推送、基于专设响应小组的技术发现等内容。三是在利益分配机制方面，李巍和花冰倩（2016）关注产学研协同创新网络的利益分配，指出产学研协同创新参与各方应重视自身贡献程度及参与程度与网络整体利益的关系，最终实现利益最大化。周国华等（2020）基于复杂网络、公共品演化博弈等理论构建复杂产品协同创新网络利益分配演化博弈模型，研究指出，当协同创新合作需求不同时，利益分配结构要有所区别。在利益分配结构中考虑企业的投入与重要度可以减少企业的"搭便车"行为。当利益分配机制的制定缺乏一定的公平合理性时，可以通过调动骨干企业的合作积极性来提高网络整体合作水平。

2.2.3 协同创新网络治理

协同创新网络实践过程中仍然存在许多问题，因此协同创新网络的治理尤为重要，部分学者探讨了提升协同创新网络治理能力的对策建议。Herranz（2008）指出，网络治理机制可以分为官僚制型、企业家型和共同体型三种类型。官僚制型治理机制以科层制为主，其意识形态强调立法秩序、公正，目标偏好是稳定、责任、公平对待，权力集中，决策过程具有遵从程序、理性、自上而下的特点，适用于内部网络；企业家型也可以称作主导企业治理型，其意识形态强调关注市场、创新、效率，目标偏好是价值最大化，权力准集中，决策过程具有依赖技术、机会主义的特点，这种治理机制适用于网络中既存在绝对优势企业的外部网络治理，也存在类似企业内部的层级组织的权威方式；共同治理型在意识形态上强调人道主义，目标偏好是社会平衡、公平结果，决策过程具有共同参与、自下而上、社会协商的特点，该治理机制适用于不存在绝对优势企业、各个参与主体地位平等的外部创新网络，主体之间的关系可以通过契约和非正式关系来协调。张万宽和刘嘉（2013）针对盐碱地改良产业化协同创新网络的分析，得出了产业化协同创新必须有效整合相关资源，以企业为创新核心主体、市场机制为运作基础的研究结论。邓渝和邵云飞（2015）构建基于创新网络治理结构、治理机制与知识收益"结构—机制—功能"的跨层次理论架构，明确了多层次创新网络的协同治理机制以及治理有效性的实现路径。薛传利（2016）基于网络治理的相关理论分析了物流服务业协同创新，认为物流服务业的发展离不开相关主体以及外界环境因素的影响。韩周等（2016）指出，既要关注企业之间的协同创新治理，也要重视企业与多方协同者之间的网络治理，提出要创造公平、公正、竞争的科技市场、提高政府效率以及充分发挥市场在创新中的作用。王磊等（2016）指出，工业技术研究院包括由传统科研单位转型和由多主体直接组建两种类型，研究选取两类工研院典型项目构建相应的治理网络，通过量化比较分析项目治理特征和问题，从项目机会获取、项目治理和管理边界确定3个方面提出了针对传统工研院协同创新项目的相关治理对策，而对于新型工研院协同创新项目的治理对策则有：充分发挥项目经理的作用，促进工研院前期快速发展；搭建治理平台，保证工研院后期稳定发展；构建"互联网+

项目治理网络"用于改善利益相关方间的信息沟通效果。李梅等（2022）针对京津冀城市群协同创新网络治理能力展开分析，从创新资源整合、跟踪监测与评估、加强合作关系、强化市场作用、完善协作机制和营造文化环境等方面探讨进一步提升协同创新网络治理能力的对策建议。

2.3 协同创新影响因素研究

2.3.1 协同创新主体

学者们针对创新主体属性特征与协同创新的关系进行了检验。其中，部分学者基于网络视角展开分析。例如，解学梅和左蕾蕾（2013）研究了知识吸收能力对企业协同创新网络特征与创新绩效的中介效应，指出网络规模、网络同质性、网络强度均与企业创新绩效之间呈正相关关系，而知识吸收能力在协同创新网络特征与企业创新绩效之间存在着部分中介效应。常路等（2019）对产学研合作协同创新绩效的影响因素进行研究发现：联盟经验与协同创新绩效之间存在显著的正相关关系，组织在协同创新合作网络中所处位置的中心性对其联盟经验与协同创新绩效之间的关系起部分中介作用。何郁冰和伍静（2020）实证检验企业在创新生态系统中的不同位置对技术协同创新绩效的影响，研究结果表明：企业生态位宽度和态势对技术协同创新绩效有显著的正向影响，但重叠度对技术协同绩效产生显著的负向影响；技术协同创新模式在企业生态位与技术协同创新绩效之间的关系中都起到中介作用。彭本红和王雪娇（2021）通过问卷调查并运用结构方程模型，展开军民融合协同创新绩效影响因素的实证研究，研究结果表明网络嵌入对军民融合协同创新绩效提升有显著影响。何中兵等（2022）运用结构方程模型，实证检验物联集群企业的信息融合力与网络嵌入力对协同创新力的双因素效应。王海花等（2022）基于依存型多层网络的分析结果表明，区域在合作网络中的中心性、结构洞和知识网络的多样性、组合机会会显著正向影响跨区域协同创新绩效。王金凤等（2023）利用 Meta 分析方法，以 60 篇相关文献、117 个效应值、17 911 个独立样本作为研究对象，从结构嵌入与关系嵌入两个角度一同研究网络嵌入与创新绩效的关系。研究发现，网络嵌入性及子维与协同创新绩效具有显著的正相关关系，而且相较于结构嵌入性，关系嵌入性对协同创新绩效的促进作用更加明显。程跃等（2023）利用北部湾区域的专利数据，考察协同创新网络成员和知识多样性对区域创新绩效的影响，研究得出协同创新网络成员多样性和知识多样性对区域创新绩效有显著正向影响的结论。

另有学者的研究基于非网络视角而展开。例如，尹润锋（2013）基于战略导向的调节作用，实证检验领导风格对组织协同创新绩效的影响，发现变革型领导、交易型领导对组织协同创新绩效影响显著，且战略导向对变革型领导与协同创新绩效关系发挥了正向调节效应。黄菁菁（2017）的实证结果表明：企业 R&D 能力对产学研协同创新的影响非线性且存在拐点，企业家精神能够影响该拐点的位置；企业规模和员工的培训强度对产学研协同创新效率都有显著的积极影响；企业战略开放程度未能促进产学研协同创新。周开国等（2017）利用 2012 年世界银行调查问卷数据考察融资约束对企业协同创新的影响，发现在相同条件下，企业融资约束越宽松，其协同研发的意愿越强烈、支出越多。任南等（2018）通过 217 家制造业企业的调查数据实证分析大数据分析能力、协同创新能力与协同创新绩效三者间的关系，指出大数据有形资源对协同创新能力、协同创新绩效没有显著的直接影响，而通过大数据人力资源、无形资源对协同创新能力产生间接影响。

2.3.2 国内协同创新行为

创新主体之间的关系对协同创新网络的形成及绩效具有重要影响。侯光文和薛惠锋（2017）运用多元回归方法探讨了集群网络关系对协同创新绩效的影响，指出产业集群网络关系显著的正向影响协同创新绩效，知识获取在网络关系各维度对协同创新绩效影响中起着中介作用。罗琳等（2017）通过调查问卷数据实证研究产学研协同创新的影响因素，发现组织之间的协同意愿、知识异质性以及组织知识能力等因素存在显著的正向影响。魏云凤和阮平南（2018）从个体层、关系层与网络层 3 个维度出发，运用结构方程模型对企业创新网络协同的影响因素进行检验，研究发现个体层、关系层和网络层影响因素都从不同程度影响协同的实现，关系层影响因素对个体层和网络层影响因素起着中介作用。高少冲和丁荣贵（2018）实证检验首席专家项目匹配度、组织网络特征与协同创新绩效的关系，研究结果表明：首席专家与项目的技术能力匹配、与项目的愿景目标匹配以及与项目的价值观匹配均对协同创新绩效有显著的正向影响；组织网络关系强度和组织网络密度等特征均在其中起着正向调节作用。刘文霞和杨杰（2019）利用问卷数据检验企业间信任对协同创新绩效的影响，研究结果表明，认知型信任和情感型信任不仅直接影响协同创新绩效，还通过知识获取间接对其产生影响。郭建杰和谢富纪（2021）基于指数随机图模型的研究结果表明，网络中组织的合作开放度和区域同配性能够增加协同创新网络节点间的连接概率。赵哲（2022）基于专家咨询和问卷调查考察大学与企业协同创新的影响因素，研究结果表明，校企异质性组织之间的运行机制、协同模式等组织间协同运筹性因素尤为重要。杜凡等（2023）利用2001—2020年长三角专利数据和多元化产学合作模式，深度挖掘产学协同关系的空间信息。研究结果显示：大学资源有助于城市产学协同创新的尺度扩张和内生发展，从而获得更高的网络地位，并在多尺度知识交互中发挥重要的桥接功能。王海花等（2023）利用2009—2018年长三角城市群产学研联合申请专利数据，构建包括城市所嵌入的知识网络和城市间合作网络的依存型多层网络并进行实证分析，研究发现：知识网络属性的知识多样性和知识组合机会均对城市协同创新绩效具有显著的正向影响；对于知识网络属性对城市协同创新绩效的影响，合作网络中心度起着正向调节作用，合作网络结构洞起着负向调节作用；合作网络密度和合作网络中心势强化了网络中心度在知识网络属性与协同创新绩效间的调节效应。

更多学者考察了近邻性对协同创新的影响。例如，夏丽娟等（2017）采用面板数据的固定效应负二项式回归，实证分析区域之间的地理邻近性、社会网络邻近性和技术邻近性对跨区域产学协同创新绩效的影响，结果表明：区域之间的地理邻近性和技术邻近性对跨区域产学协同创新绩效具有显著正向影响；社会网络邻近性对跨区域产学协同创新绩效的影响并不显著。殷存毅和刘婧玥（2019）采用稀有事件模型，考察地理邻近性和制度邻近性对企业跨域合作创新的影响。结果表明：国有跨域合作创新并不体现地理邻近性，存在近邻不如远亲的现象；企业跨域合作创新依赖制度邻近性，存在合作创新的所有制区隔。基于多维邻近性视角，陈红军和谢富纪（2021）运用负二项回归模型考察京津冀产学协同创新绩效影响因素，研究发现：地理邻近性和制度邻近性对产学创新主体间的协同创新绩效起着显著促进作用，而技术邻近性对产学协同创新绩效存在显著倒"U"形作用。胡双钰和吴和成（2021）考察经济、制度、地理和认知4种邻近性对协同创新的影响，结果表明：经济距离促进协同创新绩效；地理距离是阻碍协同创新的重要因素之一；制度距离与区域间协同创新呈倒"U"形关系；认知邻近显著正向促进跨区域协同创新。戴靓等（2022）采用多元回归的二次指派程序进行分析，研究发现，不同维度邻近性对城市知识创新网络的影响是动态的和交互的，过度的地理、社会、认知邻近会阻碍城市间知识合作创新，认知邻近可弥补地理距离，而社会邻近往往伴随着地理邻近。田锐和郭彬（2023）基于 2008—2022 年山西省科技进步奖获奖，运用 QAP 回归分析方法分析山西省协同创新网络演化的影响因素，研究发现，影响山西省协同创新网络的演化的主要因素有城市间的地理邻近性、科技资源投入、第二产业增加值占地区总 GDP 的比重。马小凡等（2023）基于 2008—2019 年江西省航空制造业产业集群产学研联合申请专利数据，利用负二项回归方法，考察地理、组织和技术邻近以及各邻近性之间的交互作用对航空制造业产业集群协同创新的影响。研究发现：地理邻近和组织邻近对产业集群协同创新起促进作用；技术邻近对产业集群协同创新产生负向影响；地理邻近负向调节技术邻近同产业集群协同创新之间的关系，地理邻近正向调节组织邻近同产业集群协同创新之间的关系。苏屹和曹铮（2023）利用 2006—2020 年京津冀区域联合申请专利数据，构建二次指派程序回归模型研究 5 个邻近维度对协同创新网络演化的作用机理。结果表明：空间交易成本邻近性为影响京津冀区域协同创新网络的充分必要条件，技术邻近性、地理邻近性、社会邻近性和制度邻近性均为影响京津冀区域协同创新网络的充分不必要条件。总体来看，空间交易成本邻近性和地理邻近性对京津冀地区区域协同创新网络影响的显著程度逐渐降低，技术邻近性对京津冀地区区域协同创新网络影响的显著程度呈现出倒"U"形态势，社会邻近性和制度邻近性对京津冀区域协同创新网络影响的显著程度逐阶段上升。

2.3.3　国际协同创新行为

加强与共建"一带一路"国家的科技创新合作是政府和学术界高度关注的问题。2013 年 9 月 7 日，习近平主席在重要演讲中首次提出"丝绸之路经济带"；10 月 3 日，习近平主席在重要演讲中首次提出"21 世纪海上丝绸之路"；11 月，推进丝绸之路经济带、海上丝绸之路建设写入《中共中央关于全面深化改革若干重大问题的决定》；12 月，中央经济工作会议提出"推进丝绸之路经济带建设，建设 21 世纪海上丝绸之路"。2015 年 2 月 1 日，首次推进"一带一路"建设工作会议在北京召开，推进"一带一路"建设工作领导小组正式亮相。当前，"一带一路"建设从谋篇布局的"大写意"迈向精耕细作的"工笔画"阶段，推动共建"一带一路"高质量发展。创新是高质量发展的第一动力，新时代中国加快实施创新驱动发展战略，"一带一路"也是创新之路。《推动共建丝绸之路经济带和 21 世纪海上丝绸之路的愿景与行动》《"一带一路"科技创新合作行动计划》《推进"一带一路"建设科技创新合作专项规划》等重要文件明确了科技创新合作是"一带一路"创新之路建设的核心内容和重要推力。党的二十大报告再次强调要推动共建"一带一路"高质量发展，扩大国际科技交流合作。因此，大量学者针对中国与共建"一带一路"国家的国际创新合作进行了考察。

叶阳平等（2016）利用中国和 29 个共建"一带一路"国家的合作专利和合作论文数据，对国家分布、时序分布、主要申请人和主要技术领域等现状进行分析，得出以下主要结论：科技创新合作总体上保持增长趋势；相比于技术创新合作，知识创新合作更为活跃；合作区域呈现空间不均衡特征；合作专利的申请人和合作论文中方机构的集中度均比较高；合作的技术领域和方向比较聚焦。金卓和杨若愚（2017）采用 Web of Science 和 ESI 数据库检索中国与共建"一带一路"的 64 个国家的高被引合作论文数据，对高被引论文进行计量分析。研究发现：中国高被引论文数量呈逐年增加的总体趋势；中国科技合作论文数量和质量都存在不均衡性，更偏向于与地理位置较近、经济科技发展水平较高的沿线国家开展合作；高被引论文主要集中于化学、物理、工程、医学等中国的优势学科，且中国自然科学基金发挥着积极作用。曾静婷和王雯婧（2020）从科技投入和产出两方面分析中亚五国的科研竞争力、重点研究学科和优势学科，以及中国与中亚五国的国际科技合作变化。研究指出：中亚五国的科研竞争力差异性较大，各国学科发展各有侧重；中国与中亚五国应在物理、数学、化学等基础学科领域加大合作，同时中国应在临床医学、环境生态、动植物科学等学科领域加强与中亚五国合作，推动在农业、环境保护、轻工业、能源以及信息通信等高新技术领域的科技合作。阳昕等（2020）利用 1998—2018 年中国与共建"一带一路"国家拥有的跨国所有权专利数据进行分析。研究指出：中国与共建"一带一路"国家的跨国合作专利在数量和合作强度上均日趋增长；专利合作覆盖范围广，但是合作区域呈现非均衡性；专利合作以企业为主体，跨国企业组建全球分布团队是专利合作主要形式；专利合作技术集中在电气工程和化学等领域。陈欣（2020）利用 incoPat 专利信息平台收集 2002—2016 年共建"一带一路"国家 PCT 专利合作申请数据构建科技合作网络，采用社会网络分析方法探讨网络结构演化过程。研究结果表明：共建"一带一路"国家科技合作网络仍处于初级阶段；俄罗斯在前期阶段始终位居网络绝对核心地位，但后期被中国超越；网络已逐渐形成较为稳定的两类结构：以俄罗斯为中心的星型结构和由中国、俄罗斯、新加坡、以色列等经济实力较强的沿线国家组成的网状结构。高珺和余翔（2021）基于共现网络分析方法探讨中国与共建"一带一路"国家专利合作特征与技术态势。研究发现：2013—2018 年共建"一带一路"国家专利合作增长平缓，且合作主要集中在少数国家之间；中国与共建"一带一路"国家的专利合作主要集中在 H04、A61 等 IPC 技术领域，主要合作对象是韩国、新加坡等；通过对专利标题关键信息提取，发现合作技术主要集中在无线通信网络、编码以及化合物构造等。黄晓东等（2022）基于高科技企业标的数据，借助社会网络分析、GIS 技术以及零膨胀负二项模型等方法，分析共建"一带一路"国家跨境技术并购网络格局演化特征。研究结果显示：共建"一带一路"国家的跨境技术并购网络联系有增强增密趋势，但整体上网络化水平仍不高；网络行业格局以电子信息业为主导，趋向多元化发展，归属非高科技行业的企业也逐渐广泛参与到网络中，特别是金融业并购方大幅增多；网络空间格局不均衡特征显著，中国、印度、东南亚是发起和接收跨境技术并购联系的核心地与增长区，中亚及里海周边地区发出联系的能力仍旧较弱；地理、宗教以及历史的邻近性是驱动网络演化的积极因素。刘敏等（2023）运用加权复杂网络分析法对"一带一路"跨国技术溢出网络的空间格局演化与主要技术溢出路径进行分析。研究结果显示：网络技术溢出强度显著提升，但仅有少数国家存在技术溢出，绝大多数国家扮演着技术吸收者的角色；网络呈现"核心—边缘"结构，中国、韩国和俄罗斯占据网络中心地位；由中国、韩国等 5 国构成的板块一是"一带一路"跨国技术溢出的核心阵地，由俄罗斯等 11 国构成的板块二接收来自板块一的技术溢出，并将技术溢出动能向其他板块传递，由其余 114 国构成的板块三是技术溢出动能传递路径的最终环节；技术主要被核心国家和发达国家吸收转化，但越来越多的欠发达国家与核心国家产生技术联系并从中受益。

部分学者针对特定领域的科技创新合作展开研究。叶春蕾（2019）聚焦于揭示中国与共建"一带一路"国家在农业科技领域的合作发展态势。基于6 658篇中国与共建"一带一路"国家在农业科学领域合作发表的论文数据，从宏观的国家、中观的科研机构和微观的合作研究内容三个层次全方位地进行科学计量和可视化分析。研究指出：中国在合作关系中占有重要的地位，属于中国的科研机构在合作中具有绝对的优势，不同类型的合作机构其研究内容有存在较大差别。张建华（2019）研究指出，共建"一带一路"国家的国际农业技术合作存在垂直式技术输出和水平式技术合作两种合作模式，农业国际科技合作面临垂直式合作存在着与传统国际秩序的张力、沿线发展中国家农业技术创新资金约束、中方对外合作机制不完善和对外农技合作在实践层面低效等问题，相关的对策建议包括加强国家顶层设计、运用技术手段丰富合作布局、创新探索有效的合作机制、多渠道助力沿线发展中国家农基与农技、促进农企成为合作的有效载体、加快对外农业科技人才培养等。俞建飞和杜李元（2021）考察中国71所农业高校和科研院所与共建"一带一路"国家开展国际科技合作的机制与重点领域、存在问题。研究指出：当前中国农业科研机构主要有8种国际科技合作方式；中国与共建"一带一路"国家合作的重点领域主要为各自优势农业技术领域；农业科技合作存在合作国政治经济环境不稳定、经费不足、队伍稳定性低，注重形式、忽视项目落地，注重平台建设、忽视解决实际问题，注重合作的短期效益、忽视长远战略布局等问题。

近年来，数字经济逐渐成为共建"一带一路"国家的重点合作领域。谢刚等（2022）对中国和共建"一带一路"国家数字通信领域跨国专利合作特征及网络演化展开研究，结果发现：中国与"一带一路"各板块专利合作地域分布不均衡性上升。网络集权程度下降，原核心国家新加坡的中心地位下降，中国、印度、俄罗斯等国中心地位逐渐上升。专利合作网络具有小世界效应，但近年来小世界效应正在减弱，影响网络稳定性。中国和新加坡在网络中的中心度和结构洞指数下降，说明中国和新加坡对网络合作资源和合作关系的影响力在减弱。中国在热点技术领域能进行专利合作广泛布局的强势企业偏少，并且专利合作在热点技术领域的宽度和深度布局有待加强。安晓明（2022）指出，共建"一带一路"国家的数字经济合作仍然面临来自合作基础、合作机制、合作动能、合作环境的四重挑战,具体包括数字经济鸿沟、网络安全威胁、战略互信不足、规则制定欠缺、金融支持乏力、无序竞争等,还需不断加强数字经济治理,加强政治磋商和政策沟通,积极参与国际规则制定,共同守护网络安全,完善金融支持体系,加强协调统筹,构建"一带一路"数字经济共同体。李昀臻(2023)则对"一带一路"背景下的中国与巴西数字经济合作进行研究,研究认为需将中国的国家数字发展战略同巴西的数字化转型战略相对接,加强两国在数字基础设施、数字型人才培养、网络空间治理及群众数字素养提升等方面的合作。

针对中国特定区域与共建"一带一路"国家科技创新合作的研究可分为定量研究和定性研究。在定量研究领域,马丽丽等(2018)利用合作论文数据对我国各省(自治区、直辖市)与共建"一带一路"国家科技合作态势进行分析,研究结果显示:在我国各省(自治区、直辖市)中,北京与共建"一带一路"国家的科技合作最多,其次是江苏、上海和香港;北京市开展科技合作的共建"一带一路"国家覆盖率最大,上海、香港、广东、山东、江苏、湖北、四川、浙江、安徽的沿线国家合作覆盖率也均在90%以上;北京市与共建"一带一路"国家在物理、工程学、地球科学与地质学、空间科学等学科领域存在较多合作倾向,香港特别行政区与共建"一带一路"国家的科技合作特色领域则在临床医学学科,安徽省与共建"一带一路"国家在物理学科方面的优势合作基础,陕西省的特色研究领域是工程学、计算机科学,吉林省的特色研究领域化学,云南省的特色研究领域在动植物科学。封晓茹等(2020)主要采用Scopus数据库收录的港澳重点实验室与共建"一带一路"相关国家合作论文数据,对我国港澳地区参与"一带一路"科技创新合作现状进行分析。研究指出,我国港澳地区积极参与"一带一路"建设的商贸合作,但涉及科技创新合作相对较少,香港和澳门均面临不同程度的形势或空间困局。王宇(2020)利用2015—2017年江苏省科技厅立项支持的国际科技合作项目,重点分析江苏省与共建"一带一路"相关国家科技合作的重要国别和产业领域,并对江苏省与共建"一带一路"国家的科研合作论文进行了统计分析。

特定区域与共建"一带一路"国家科技创新合作研究更多是采用定性研究方法。王峥和龚轶(2018)提出,创新共同体是基于一定的政治、经济、社会、文化等基础,以共同的创新远景和目标为导向,以快速流动和充分共享的创新资源以及高效顺畅的运行机制为基础,多个行为主体通过相互学习和开放共享积极开展创新交互与协同合作，彼此间形成紧密的创新联系和网络化结构，推动个体成员创新能力增强以及区域创新绩效与竞争力和影响力整体提升的特定的创新组织模式。创新共同体有六个基本构成要素，即共同目标、创新资源、参与成员、网络结构、运行机制和形成基础，可以分为政府支持机构主导模式、大学主导模式、商业组织主导模式和非盈利组织主导模式。创新共同体有专门的机构负责设计和运营，既重视"存量管理"，更重视"增量管理"，并且要围绕着创新共同体目标进行全面规划与管理。阎波等（2019）采用"情势—主体—手段—目的"分析框架对推进"一带一路"建设科技创新合作政策背景下上海、陕西和西安的实践进行了比较分析和归纳。研究指出，在中央政策要求渐变背景下，地方政府根据情势改变而相机决策，做出动态和非同质化的回应，展示出权变的主体、手段和目的组合。这些回应是有限理性的地方决策者在"损失厌恶"偏好的影响下顺势而为的结果：当地方政府已经处于相对优势时，面对不确定性的决策者倾向于做出相对谨慎而非进取性的回应；当地方政府处于相对劣势时，其决策者更倾向于在不违背中央意图的前提下适时表现出富有进取性的回应。雷筱娱（2019）对湖南省与共建"一带一路"国家科技创新合作现状进行分析，认为湖南与共建"一带一路"国家科技合作重点领域包括先进制造、农业、新材料、能源、交通、资源和医药健康，但存在基础研究不足、合作重点领域不均衡、联合研发与高水平科技创新合作较少、国际性技术转移机制尚未形成等问题，由此提出了加快省级规划出台推进科技创新合作机制建设、构建联合研究模式、建立国际技术转移机制、加强科技创新智库建设等建议。王德润和屈昊（2020）针对推进构建长三角区域对外科技合作共同体展开研究，现阶段的主要做法有建立区域创新体系联席会议制度、围绕对外科技合作共同体开展规划、推动长三角协同创新平台建设、探索开展科研联合攻关项目、加强区域技术转移机构合作和组织开展重大品牌交流活动，但存在跨行政区划的高层次协调机制有待完善、对外科技合作资源共建共享机制尚未形成、区域内科技成果转化协同联动稍显不够和 G60 科创走廊的载体和抓手效应尚未凸显等问题，对此提出的建议有加强高层次协调机制与对外科技合作共同体顶层规划设计、推动对外科技合作渠道共建共享共用、加快完善区域内科技成果转化协同联动机制和快速推进 G60 科创走廊建设。赵菁奇等（2021）对长三角区域创新共同体建设展开研究，论文以国内外技术创新政策及实施效果评价理论为基础，构建技术创新能力比较指标体系，利用高新技术企业统计数据，采用灰色关联系统理论和方法评价长三角一市三省的技术创新绩效，从协同创新角度提出提升长三角区域技术创新能力、构建区域创新共同体的对策建议。张瑜燕（2023）通过分析上海科技概况及"一带一路"科技合作现状，探讨上海开展"一带一路"国际科技合作面临的突出问题，并以围绕高标准可持续惠民生为总目标和总要求，探索有效深化国际科技务实合作的新思路、新方法，提出上海科技推动共建"一带一路"高质量发展的对策。蒋洪波等（2023）基于我国成熟的移动互联网社交平台，以在渝留学生作为"国际科技中介人"，构建重庆"一带一路"国际科技创新合作线上社区模式，并对线上社区的软件平台、运维团队建设以及运转流程提出了具体建议。

可以看出，既有研究侧重从中国整体层面来探讨与共建"一带一路"国家的科技创新合作，基于区域层面的分析仍较为有限，需要对地区参与"一带一路"科技创新合作问题给予足够重视。在聚焦特定区域的分析中，既有研究倾向于定性分析其与共建"一带一路"国家的科技创新合作问题，定量研究则相对不足，需要搜集大样本数据进行更为细致地定量研究。既有考察特定区域与共建"一带一路"国家科技创新合作现状的研究，普遍是基于合作论文、合作专利等单个维度的分析，同时针对产业研发合作与学术研究合作两方面进行的对比分析则相对不足。

2.3.4 协同创新环境

影响协同创新的外部环境因素包括市场因素和政府因素。在市场因素层面，吴卫红等（2018）搭建政府、产业、大学、研究机构和资本部门四螺旋模型并考察其影响因素，发现：经济因素表现为促进作用持续提升，技术市场规模和创新产业规模表现为先抑制后不断提升的促进作用，产品市场需求和创新投入表现为持续提升的抑制作用。焦智博等（2018）以黑龙江省数据的实证分析结果表明，经济实力、高校资源、信息化水平、城市创新能力等区域创新环境对装备制造业协同创新水平有显著影响。马辉等（2018）以京津冀地区为例考察建筑产业联盟协同创新关键影响因素，结果表明产业集聚、创新资源投入、知识共享、知识产权、技术进步、知识转移是影响协同创新的关键因素。赵娟等（2019）实证分析大学—企业—政府协同创新效率的影响因素，发现三螺旋强度与地区经济发展水平均对协同创新起着显著的促进作用，强者恒强，弱者恒弱，存在某种程度的锁定效应。唐厚兴和梁威（2019）基于理性行为理论和动机理论等，考察不同市场结构下市场初始需求和市场增长潜力对企业间协同创新共享意愿的影响。崔志新和陈耀（2019）从区域内和跨区域两个层面对区域技术创新协同影响因素进行实证分析，发现：跨区域技术创新协同主要受知识型人力资本、资本开放水平、技术市场发展等因素的影响，区域内技术创新协同主要受知识型人力资本、企业创新投入密度、主体自主创新、资本开放水平等因素的影响。戴年红（2023）认为，创新生态对产学研协同创新有着重要的决定作用。现阶段，我国产学研协同创新机制还存在主体间有壁垒、资源配置不合理、协同创新动力不足、平台不完善、知识增值受限制、成果转化不顺畅、绩效考核不健全等问题。将创新生态融入产学研协同创新机理之中，可以从主体联盟与信任、资源汇聚与共享、行为导向与驱动、平台运行与服务、知识流动与增值、成果转化与分享、绩效反馈与评估等方面进行优化。杨燕红和徐立青（2023）采用社会网络实证方法分析科创走廊在提升城市创新力和促进区域协同创新中的作用，结果表明：科创走廊能够有效破解"核心—边缘"结构困境，通过增加城市间创新合作联系促进了区域协同创新；科创走廊协同创新效应受到城市创新力、产业结构、高铁密度和地理距离等因素的影响，其中城市创新力和高铁密度对区域协同创新具有显著正向影响。

在政府因素层面，白俊红和卞元超（2015）考察政府支持是否促进产学研协同创新，发现全国范围、东部地区和中部地区的政府支持显著地促进了协同创新的发展，但西部地区的模型估计结果不显著。蒋兴华（2018）针对高校协同创新绩效影响因素的实证结果表明，政府支持对人事管理制度、协同机制、协同伙伴条件、协同伙伴关系与协同创新绩效之间的总体影响关系起着显著的正向调节作用。吴卫红（2018）利用 Matlab 工具模拟仿真产学研协同创新动态演化路径的影响因素，研究发现，良好的用户与政府参与的外部协同创新环境、有效的内部监督机制和按贡献度的分配模式能够加速产学研协同演化路径。刘一新和张卓（2020）以产学研联合专利数量和新产品销售收入两个指标来表征区域产学研协同创新绩效，实证检验了政府资助与产学研协同创新绩效的关系。李林威和刘帮成（2022）以粤港澳大湾区作为准自然实验，运用 PSM-DID 方法实证检验区域协同发展政策对城市创新水平的影响，结果表明，粤港澳大湾区协同发展政策实施能够显著提升城市创新水平，但对城市创新水平的影响在不同类型城市间存在显著差异，对节点型城市的提升作用大于中心城市，对珠三角内地"九市"的提升作用大于香港和澳门"两区"。区域协同发展政策主要通过产业结构、科技投入、人才集聚、政府财政支出、政府战略引导五个因素作用于大湾区城市创新水平。刘亚婕等（2022）仿真模拟政府参与下新能源汽车企业间协同创新的竞合策略，研究发现：双积分政策的实施和政府直接资助力度都将提升协同创新系统到达成熟阶段的速度，而税收优惠政策和政府间接资助将减缓这一速度。何寿奎和王俊宇（2022）构建了政府引导的政产学研协同创新的三方演化博弈模型，应用 Matlab 工具数值仿真分析影响协同创新联盟主体策略选择的关键因素，探讨联盟主体参与意愿、政府的激励力度等因素对协同创新体系演化的影响。研究发现：政府的监管意愿对企业与学研方的策略选择影响显著，且企业更加敏感；政府的奖惩措施、消极合作的机会损失对企业与学研方的影响程度存在差异，对学研方的影响更大。吴雷等（2023）以产学研数字化协同创新研发模式为研究对象，建立装备制造业产学研数字化协同创新的演化博弈模式，通过模拟和仿真分析其影响因素，研究发现：政府支持力度、数字化水平能力以及装备制造业转型程度等因素通过提升企业利润的方式对产学研数字化协同创新起着提高创新效能的作用。薄文广和黄南（2023）认为，京津冀三地有为政府合作对于京津冀协同创新共同体构建具有突出的必要性，应以中央政府的理性顶层设计为基础、京津冀三地政府的主动先行先试为突破、高效协同的合作载体建设为抓手、非政府主体的充分发挥为支撑，多措并举，加快推动京津冀协同创新共同体向纵深拓展。王腾等（2023）构建了包含学研方、上游企业与下游企业的三方演化博弈模型，在考虑政府事前补助、事后成本补贴与事后奖励等潜在干预措施对产业性、专业性与区域性联盟内部协同生态的异质性影响的情况下，对政府干预的激励效果进行仿真模拟。研究发现，中央政府采取额外的经费支持举措是必要的。其中，面向所有积极协同方的事后成本补贴是促进各联盟成员积极协同的关键举措；专业性联盟对此需求尤甚，产业性联盟次之，区域性联盟的需求最弱。针对主导方较高强度的事前补助同样可以激励产业性联盟各成员采取积极协同的行为策略。

2.4 文献述评

从协同创新研究、协同创新网络研究、协同创新影响因素研究三个方面对既有研究文献进行梳理总结，可以看出，协同创新及协同创新网络研究方兴未艾。已有相关研究得到了一些获得普遍共识的确定性结论，为本书的研究提供了重要借鉴，但仍有以下六个方面值得深入研究。一是近年来，协同创新网络领域研究不断细化与深化。在国家做出推进成渝地区双城经济圈建设、打造高质量发展重要增长极的重大决策部署的现实背景下，成渝地区协同创新问题受到高度重视。既有成渝地区双城经济圈协同创新网络研究仍较为有限，需要搜集更多数据进行更为细致的分析。二是既有研究侧重基于空间联系视角来考察协同创新网络。协同创新网络是各创新主体组成的协同群体，但目前针对创新主体关系，即协同创新主体网络的研究尚未得到足够重视。为更充分地展现协同创新的特征，应进一步基于大样本数据，从创新主体关系视角对协同创新主体网络展开讨论。三是影响协同创新的因素既包括微观层面的创新主体属性特征因素，也包括中观层面的创新主体间关系特征因素，还包括宏观层面的市场、政府等外部环境因素。对协同创新网络影响因素的检验区别于既有研究文献，探索新的切入点来展开分析，深化对协同创新网络的认识。四是在对协同创新网络结构做出解释时，既有研究普遍采用负二项回归等传统方法对层次的数据关系进行检验，对关系数据之间的关系进行的研究仍付之阙如。在考察协同创新网络的影响因素时，更严谨、直接的做法是检验关系数据之间的关系是否成立。五是在对协同创新影响因素进行检验时，既有研究普遍建立传统面板回归模型分析解释变量对被解释变量的条件期望的影响，而条件期望很难反映整个条件分布的全貌。且当数据存在异常点时，估计结果不准确，会掩盖被解释变量在不同位置上产生的差距不对称现象。需要利用其他计量方法更详细地展现不同水平下解释变量如何影响被解释变量。六是既有实证分析结果表明，政府政策环境对协同创新具有重要影响。但既有研究更多在强调政策环境对协同创新的影响，对成渝地区双城经济圈协同创新政策现状的理解仍是有限的，对构建成渝地区双城经济圈协同创新网络政策体系的探究则更为匮乏。

3 概念界定、理论基础与理论分析框架

3.1 概念界定

3.1.1 成渝地区双城经济圈

2011 年 5 月，国家发展改革委印发了《成渝经济区区域规划》，提出要努力把成渝经济区建成西部地区重要的经济中心、全国重要的现代产业基地、深化内陆开放的试验区、统筹城乡发展的示范区和长江上游生态安全的保障区，在带动西部地区发展和促进全国区域协调发展中发挥着重要的作用。其规划范围包括重庆市的万州、涪陵等 31 个区（县），四川省的成都、德阳等 15 个市，区域面积为 20.6 万平方千米。

2016 年 4 月，国家发展改革委印发了《成渝城市群发展规划》，提出成渝城市群应立足西南、辐射西北、面向欧亚，高水平建设现代产业体系，高品质建设人居环境，高层次扩大对内对外开放，培育引领西部开发开放的国家级城市群，强化对"一带一路"建设、长江经济带发展、西部大开发等国家战略的支撑作用。其规划范围包括重庆市的渝中、万州等 27个区（县）以及开州、云阳的部分地区，四川省的成都、自贡等 15 个市，总面积为 18.5 万平方千米。

2020 年 1 月 3 日，习近平总书记主持召开中央财经委员会第六次会议。会议指出，推动成渝地区双城经济圈建设，有利于在西部形成高质量发展的重要增长极，打造内陆开放战略高地，对于推动高质量发展具有重要意义。强化重庆和成都的中心城市带动作用，使成渝地区成为具有全国

影响力的重要经济中心、科技创新中心、改革开放新高地、高品质生活宜居地，助推高质量发展。其规划范围包括重庆市的中心城区及万州、涪陵、綦江、大足、黔江、长寿、江津、合川、永川、南川、璧山、铜梁、潼南、荣昌、梁平、丰都、垫江、忠县等27个区（县）以及开州、云阳的部分地区，四川省的成都、自贡、泸州、德阳、绵阳（除平武县、北川县）、遂宁、内江、乐山、南充、眉山、宜宾、广安、达州（除万源市）、雅安（除天全县、宝兴县）、资阳等15个市，总面积18.5万平方千米。

3.1.2 协同创新网络

协同创新是以知识增值为核心，以企业、高校、科研院所、政府等为创新主体的价值创造过程（陈劲和阳银娟，2012）。相比于协同制造、开放式创新等，协同创新是更为复杂的创新组织模式，其关键是形成以企业、知识生产机构（高校、研究机构）为核心要素，以政府、金融机构、中介组织、创新平台等为辅助要素的多元主体协同互动的网络创新模式，通过知识创造主体和技术创新主体间的深入合作和大跨度资源整合，产生系统叠加的非线性效用。协同创新是在创新活动逐步向系统化、网络化范式发展的背景下应运而生的。

协同创新网络被视为不同创新参与者的协同群体，企业、高校、研究机构、客户、供应商、中介组织等网络主体通过正式合约或非正式安排建立科学、技术、市场之间的直接和间接、互惠和灵活的关系，通过网络主体间的资源共享、知识传递和技术扩散，实现知识、技术的增值和创新的产生，网络形成的整体创新能力大于个体创新能力之和（刘丹和闫长乐，2013）。

3.2 相关理论基础

3.2.1 国家创新体系理论

国家创新体系概念最早由 Freeman（1987）提出，他认为国家创新体系是"公共部门与私人部门的制度网络，两类部门的活动及其互动产生、引进、改进并且传播新技术"。Lundvall（1992）指出，国家创新体系是经济结构的方方面面与影响学习、探索以及探究的各种制度。Nelson（1993）

认为，创新体系是一系列制度，而制度间的互动决定企业的创新绩效。Metcalfe（1995）指出，国家创新体系是一系列制度，共同或单独地促进新技术的发展与传播，并且为政府提供框架以制定并实施政策进而影响创新过程。因此，创新体系是一个相互关联的制度体系，创造、储存、转移新技术。经济合作与发展组织（OECD）在出版的《国家创新体系》一书中强调，国家创新体系就是政府、企业、学研机构等社会主体就生产、储存、转移以及应用不同类型知识、技能的相互联系的机构系统，而企业则是这一系统的核心（OECD，1997）。国家创新体系理论首次将企业、科研机构及政府机构视为一个整体系统，各主体之间的协同创新是整个体系有效运转的重要机制。有关协同创新，国家创新体系理论提供了一些实用观念：

（1）创新来源。国家创新体系理论关注不同创新投入与相应产出之间的关系及与企业经济效益间的互补性，强调非研发基础型创新的作用。国家创新体系理论为解释企业创新的成败提供了一个自然的概念框架，这个框架主要研究系统性互动，以及既包括研发来源也包括非研发来源的不同创新资源间的互补关系。

（2）制度。国家创新体系理论强调制度对创新体系有重要作用。制度是国家创新体系理论中的核心概念。就广义而言，制度即习惯、做法或者惯例，决定事情完成的方式、代理商之间进行互动的方式以及创新产生并且被接受的方式。Edquist 和 Johnson（2000）根据制度的特点对其进行了区分：正式制度与非正式制度，其中非正式制度可延伸至习俗、传统以及观念；基本性的制度（如对产权、冲突管理规则等的基本安排）与赞成性的制度（基本制度的具体实施）；硬性制度（有约束力、管制力的）与软性制度（更具有暗示性的）。

（3）互动式学习。国家创新体系理论强调互动式学习。创新体系是一个由各种要素及相互关系组成的体系，这些要素与关系在产生、传播以及使用经济实用的新知识的过程中互动。由于体系中引进的知识只是基础性的，因此，个人以及组织的互动式学习在创新过程中十分必要。

（4）互动。国家创新体系理论的基本观点是所有企业几乎从未单独开展创新。创新企业与其外部环境需要不断互动与合作，这在最佳情况下会产生良性循环，即更充分地应用现有知识。正如 Nelson（1993）所言："为了使创新卓有成效，我们需要详细地了解创新的优势和劣势，以及改进哪一环节可以收获巨大回报，而这些了解通常取决于企业及其顾客与供应商。"

（5）社会资本。国家创新体系理论指出，对创新产生重要作用的不仅仅有正式制度，社会资本对创新的发展也有激励作用。在建立社会资本的过程中，社会资本存量可以增加知识的积累，这些知识有益于社会且有助于增加收入。同时，社会资本也会影响创新过程。当研发者所在地区拥有更大范围的社会网络以及更高的标准时，更有助于建立互相信任的关系，风险资本家就有更大可能为风险项目投资。

3.2.2　三螺旋理论

三螺旋的概念最早是在生物学领域提出的，主要用来解释基因、生物体与环境之间的关系。Etzkowitz 和 Leydesdorff（1995）将三螺旋概念应用于知识经济领域，将由大学、企业和政府组成的三螺旋称为"创新三螺旋"，区域创新中大学、企业、政府三方主体间各自有相对独立的边界，但又相互合作，推动着知识社会的形成与发展。三螺旋模型即为突破"大学—企业"双螺旋线性结构，创建"大学—企业—政府"三螺旋非线性网状创新模型，描述了大学、企业、政府三方在创新过程中以经济发展需求为纽带，密切合作、相互作用，形成一个个体独立、相互支持、跨界发展的三螺旋协同创新结构。

（1）三螺旋理论强调三螺旋主体的创新职能，对各创新主体的功能和角色定位进行了新的解读。大学的学术核心、知识创新与技术转化是三螺旋模型良性运转的基础和前提。作为知识生产的基地，大学起着新知识和新技术的生产以及扩散功能，是知识经济的生产力要素。企业通过技术需求促进产学研合作，进而促进技术创新。企业生产产品、提供服务，既是区域创新成果的需求者，也是直接的受益者和推广者。政府通过立法等手段来调节和维护市场上的契约关系，保证稳定的相互作用与对等交换，并通过政策、资金支持促进产学研协同创新，是区域协同创新的支持者甚至是发动者。国家创新体系理论认为企业在创新中居于主导地位。三螺旋理论则首次提出大学、企业与政府在创新合作中有同等重要的作用，任何主体不再是创新的控制者或从属者，每个主体都可以成为协同创新活动的领导者或是组织者。

（2）三螺旋理论强调大学、企业、政府三个主体之间的相互融合和渗透。在三螺旋模型中，大学、企业、政府除了执行自身的传统功能外，还都承担着其他相关功能，即每一个创新主体在保持原有作用和独特身份的情况下，都表现出其他两个主体的一些特征。比如大学就创造了一个企业的边缘地带或者作为一个区域创新的组织者而扮演了准政府的角色。而企业在生产产品、开拓市场的同时，也注重对人的教育，通过各种形式的讲座和培训来提高员工的相关技能和综合素质，发挥了育人作用。政府也不再满足于只充当调节者，而是积极推动知识生产与知识转移。大学、企业、政府三螺旋主体旧有的边界在逐渐消失，各自职能和作用相互重叠和渗透，融为一体。这样，每个螺旋体的结构和功能都得到增强与进化，实现跨边界的协同创新（Etzkowitz 和 Leydesdorff，2000）。

关于主体合作模式，三螺旋理论从直观上打破了传统的点对点的线性合作模式，提出三螺旋非线性协同互动模式。三螺旋理论强调各创新主体在区域内的协同，并且强调区域内的信息、环境、政策、资源等创新要素的作用。在三螺旋模型中，各主体场域之间通过互动建立高度互惠的联系，并创造性地构建多主体参与的复杂多维的区域创新网络模式。在这个支撑着整个区域创新系统的网络中，以企业为主体的技术创新链、以大学和科研机构为核心的知识创新链、以政府为主体的制度创新链在内部驱动和外部驱动的双重利益驱动下，协同创新，从而创造"1+1+1>3"的创新价值。各主体之间的关系会随着区域创新要素的变化而变化，不同区域的产学研合作模式也不同。

3.2.3　协同理论

协同理论由 Haken（1983）提出，用以反映复杂系统与子系统间的协调合作关系。"协同"是远离平衡的开放系统中具有差异性的组分之间相互协调、补充，自组织地产生出系统的有序时空结构和功能，或从一种有序状态走向新的有序状态的行为。协同理论将每一个系统都看成由三个层次构成的复杂体系，第一个层次是微观层次的要素层，第二个层次是中观层次的子系统层，第三个层次是宏观层次的整体系统层。系统内部各子系统之间通过协同的方式促使系统向有序结构的方向发展，而且这种协同的行动中隐含着各要素之间及各子系统之间的非线性相互作用，这种非线性相互作用使得各要素及各子系统之间存在一种互为因果的相互关系。要达到协同的目标，即整体系统的有序结构，系统内部各子系统之间以及子系统内部各要素之间就必须是相互协作、相互促进、互为因果的关系。

协同理论的基本概念包括序参量、支配原理、自组织原理和协同效应。序参量就是支配系统从无序向有序发展的参量，由各子系统通过既竞争又协作的相互作用关系而产生，产生之后就取得支配地位，主宰整个系统的演化，使得整个系统最终朝着一个有序的结构迈进。系统的序参量不止一个，多个序参量之间也会存在竞争与合作关系，最终形成协同一致的宏观局面，形成系统的目标有序、结构有序、组织有序和功能有序。当系统在演化中靠近临界点时，系统的快变量使系统在旧秩序上稳定下来，而慢变量则使系统脱离旧秩序。支配原理是指系统演化过程中慢变量对快变量的支配，快变量服从于慢变量，由慢变量支配着整个系统的不断演化。系统呈现自组织行为特征。在他组织中，一个系统的运行过程中存在来自系统外部的指令来直接干预系统的运作，而自组织则是指系统的运行完全依靠系统内部各子系统之间的相互作用，没有系统外部的直接指令性干预。系统整体功能与单个子系统功能之和的差是协同效应强度的定量度量，这个差额被称为协同剩余。当协同剩余为正数时，可以判定系统因协同作用而产生了协同效应，系统由原来的无序结构状态发展到一种有序结构状态，或者从一种有序结构状态走向新的更高层次的有序结构状态。

随着协同理论的盛行，协同理论被应用于技术创新领域。单一主体或单一要素的创新逐渐无法满足国家、区域以及企业发展的需要。各创新主体要素进行系统优化并实现创新的过程成为必然选择。异质性的多创新主体之间，在创新活动中发挥各自的功能和优势，整合不同的资源，从而实现优势互补、知识增值、互利共赢，加速创新成果的产生与推广。相比于传统意义上的合作创新，协同创新更加强调创新要素的协同作用，是创新要素的有机集合而并非简单的相加。协同创新的本质是一个创新系统，以追求整体最优为目标，涵盖着众多创新子系统，而创新主体与创新要素在协同过程中的存在方式、目标与功能都体现出统一的整体性。同时，协同创新具有动态性，体现在协同主体与协同要素的不断变化。企业或学研机构等创新主体要根据自身的需求，在创新过程中不断增强创新能力，以获取更强的竞争优势与效益。政府、金融、中介组织等协同创新支持者也在创新过程中不断调整自身的行为，从而更好地推动协同创新的全面开展。知识资本等创新要素则在转移与交换过程中实现再创造，呈现出螺旋式的上升，推动创新的发展。

3.2.4 社会网络理论

社会网络的概念从社会学和生态学领域兴起，指的是社会行动者及他们之间的关系的集合，一个社会网络是由多个点和各点之间的连线组成的集合（Brass 等，2004）。近几十年，社会网络概念被延伸到各个领域，并逐渐形成了一些理论模式，包括以 Granovetter 等人为代表的弱关系理论、以边燕杰等人为代表的强关系理论、以 Burt 等人为代表的结构洞理论、以林南等人为代表的社会资本理论以及基于小世界网络和无标度网络的复杂网络理论。

Granovetter（1973）首次提出了关系强度的概念，并将人与人、组织与组织之间的社会关系划分为强关系和弱关系，测量关系强弱的维度包括以下四个：一是互动的频率。互动的次数多为强关系，反之则为弱关系。二是感情力量。感情较深为强关系，反之则为弱关系。三是亲密程度。关系密切为强关系，反之则为弱关系。四是互惠交换。互惠交换多而广为强关系，反之则为弱关系。强关系和弱关系发挥着不同的作用。由于强关系是在同质性较高的个体之间发展起来的。所以通过强关系获得的信息往往重复性很高。而弱关系则是在异质性个体之间发展起来的，在社交网络中，弱关系的分布范围要远远大于强关系。因此，弱关系比强关系更能充当跨越社会界限去获得信息和其他资源的桥梁。Granovetter（1973）认为，弱关系并不都是社会桥梁，但社会桥梁往往是弱关系。

Bian（1997）针对天津市求职者的求职情况进行调查，发现强关系比弱关系更有用。求职者们的第一份工作多是通过强关系（如亲属、朋友等）来获取的，据此提出了强关系理论。他认为，人是嵌入社会关系中的理性人，其经济行为基于社会网络的信任机制而进行，而信任的建立与维护有赖于网络个体长期的接触、交流与交往。强关系的情感联系，在困难境地中能带来弱关系所无法比拟的资源。因此，强关系可以充当没有联系的个人之间的网络桥梁。

Burt（1992）则认为，关系的强弱与社会资源、社会资本的多寡没有必然的联系。Burt（1992）提出了结构洞的概念。他指出，在社会网络中，不是所有的行为者都有直接的联系，这时在社会网络结构中就会出现空洞。例如，在由 A、B 和 C 组成的网络中，如果 A 和 B 之间有直接关系，B 和 C 之间有直接关系，而 A 和 C 之间没直接关系，则 A 和 C 之间就形成了一个关系结构上的空洞，B 就处在这个空洞上。Burt（1992）认为，在一个关系复杂的网络中，处在结构洞之上的社会成员，因为拥有不同的联系渠道能获得网络中不同成员的信息，使自己拥有更多的信息和资源从而在网络中占据集散中心的地位，对关键性的信息和资源占有控制权，继而获得竞争优势。

林南（2005）的社会资本理论认为，社会资本是无形资源和有形资源的集合，社会网络是社会资本流动的渠道，因此社会资本可以通过社会网络关系获得。基于地位强度假设、弱关系强度假设和社会资源效应假设，林南（2005）指出，社会资源数量和质量与网络成员社会地位、网络属性的异质性呈正相关性，与网络关系力量呈负相关性。可以说，社会网络之于社会资源，就好似水管之于水流。

复杂网络理论认为，社会网络具有小世界、无标度等复杂性特征。Watts 和 Strogatz（1998）提出，小世界网络模型用来描述从完全规则网络到随机网络的转变，刻画出现实世界中的网络所具有的高的聚类特性和短的平均路径长度的特征。规则网络具有聚集性，平均最短路径却较大；随机网络则相反，具有短的平均路径长度，但聚集系数却相当小。真实世界网络既不是规则网络，也不是随机网络，而是介于规则网络与随机网络之间。在社会网络中，多数节点只拥有少量与其他节点的联系，这些数量少但聚集度高的节点在与其他社会节点的联系中起着中心角色的作用。同时，具有较短的平均路径长度和较大的聚集系数的网络即为小世界网络。在小世界模型中，节点的度分布为指数分布且峰值取平均值，每个节点有大致相同数目的度。Barabási 和 Albert（1999）指出，现实世界中的复杂网络的度分布具有幂律形式。幂律分布相对于指数分布其图形没有峰值，极少数节点有大量的连接，而大多数节点只有很少的连接，没有明显的特征长度，因此该类网络被称为无标度网络。

3.3　理论分析框架

3.3.1　协同创新网络系统框架

协同创新网络是一种主体、要素及发生环节共存共生、协同进化的生态系统（刘丹和闫长乐，2013）。如图 3.1 所示，在协同创新网络系统中，网络行为主体包括政府、企业、大学、研究机构、中介服务机构等。在知识经济时代，科技加速发展，技术高度融合，市场对创新的要求越来越高，技术创新的难度也越来越大。随着竞争环境的变化，单独的创新活动已经很难满足技术创新的需要，对外部的依赖性越来越强。为了提升产品竞争力、促进产业发展、推动区域成长以及维持经济可持续发展，创新主体之间的协同创新需求越来越迫切。创新主体在知识、技术、人力、资金等多种创新要素的交互作用下沟通、协调、合作与协同，从而实现资源共享、知识传递和技术扩散。创新要素是维持创新网络高效运转的血液，无时无刻地在网络中生成、流动和循环，众多要素相互联系、互相匹配、彼此互动。协同创新网络是一个开放的系统，协同创新活动的价值创造与外部环境息息相关，协同创新环节要与社会宏观经济水平、相关政策体系、市场对于创新产品的需求等环境变化相适应。只有协同培育与发展网络内外部环境、协同创新网络生态系统，才能健康成长和发展壮大。

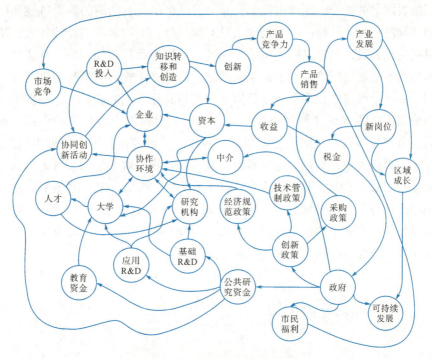

图 3.1　协同创新网络系统框架

3.3.2　协同创新网络分析范畴

协同创新网络没有一个明确的边界，是完全开放式的。本书的研究聚焦企业等创新主体，所考察的协同创新主体网络是指异质性创新主体所构成于的网络，创新主体包括企业、高校和科研机构。在协同创新主体网络中，将创新主体视为行动者（网络中的节点），将协同创新关系视为关系（网络中的边）。所考察的协同创新主体所在地区网络是指创新主体所在地区而构成的网络。在协同创新主体所在地区网络中，将创新主体所在地区视为行动者（网络中的节点），将协同创新关系视为关系（网络中的边）。

网络研究包括个体网、局域网和整体网三个层次（刘军，2004）。其中，个体网又称为自我中心网络，是由一个个体及与之直接相连的个体所构成的网络。整体网是由一个群体内部所有成员之间的关系构成的网络。在个体网和整体网之间还存在一种中间网络，可以界定为局域网，由个体网加上与个体网络成员有关联的其他点构成。本书考察的协同创新网络属于局域网的范畴，由成渝地区双城经济圈区域内的协同创新主体及与区域外的协同创新关系的主体构成。

根据《成渝地区双城经济圈建设规划纲要》，以及研究数据的可得性，本书考察的成渝地区双城经济圈区域包括重庆市的中心城区及万州、涪陵、綦江、大足、黔江、长寿、江津、合川、永川、南川、璧山、铜梁、潼南、荣昌、梁平、丰都、垫江、忠县、开州、云阳等29个区（县），四川省的成都、自贡、泸州、德阳、绵阳、遂宁、内江、乐山、南充、眉山、宜宾、广安、达州、雅安、资阳15个市。其中，重庆中心主城区包括渝中区、渝北区、江北区、九龙坡区、南岸区、北碚区、巴南区、大渡口区和沙坪坝区。

3.3.3　协同创新网络分析方法

社会网络分析是研究网络的主要方法。社会网络分析中的"点"是各个社会行动者，既可以是个体、公司或者社会单位，也可以是村落、组织、城市、国家等。"连线"代表行动者之间的关系，关系类型多样，可以是个体之间的评价关系、商业往来关系、隶属关系、行为上的互动关系等。社会网络分析从关系的角度出发研究社会现象和社会结构，具有以下五个特征：一是用行动的外在结构限制而不是单位的内在驱动力解释行为，二是网络分析关注的是单位之间的关系，三是个人社会网的结构特征决定了双边关系的作用，四是世界是由网络而非群体构成的，五是网络结构方法补充和替代了个体主义方法。

网络结构是指网络内部各行动者之间相对稳定的关系模式，可以从整体结构和节点特征两方面来刻画网络结构。对整体结构特征进行刻画的参数主要包括网络规模、网络密度、平均最短路径、平均度数、平均聚类系数等。其中，网络规模衡量网络的大小。从节点视角考察网络规模时，网络规模是指网络中包含的全部行动者的数量；从关系视角考察网络规模时，网络规模是指构成网络的关系数量。网络密度是衡量网络结构紧凑性的重要指标，采用网络中实际存在的边数与理论上所有可能存在的边数之比来进行度量。平均最短路径长度为连接任意两个节点之间最短途径的平均长度。平均度数是指网络中所有节点度数的平均值，而节点度是指该节点拥有相邻节点的数目。平均聚类系数度量网络的疏密程度，是指所有节点聚类系数的平均值，而节点的聚类系数定义为该节点的邻接点之间实际存在的边数与所有可能的边数的比值。

对节点特征进行刻画的参数主要有点度中心度、中间中心度、接近中心度和节点强度等。其中，点度中心度度量网络中同某节点直接以边建立连接的节点数目，如果一个点与许多节点之间有联系，那么该节点在网络中就处于比较中心的位置。中间中心度表示某节点在整个网络中起桥梁作用，如果一个节点位于较多其他节点对的最短路径上，则说明该节点的中间中心度较高。接近中心度衡量的是节点与网络中其他节点的距离，一个节点与其他节点的距离越短，则表明其接近中心度越高，与其他节点的关系越密切。节点强度是指网络节点之间关系的强度大小，既考虑了节点的近邻数，又考虑了该节点与近邻之间的关系权重。

3.4 小结

本书首先对成渝地区双城经济圈、协同创新、协同创新网络等基本概念进行界定，进而在借鉴国家创新体系、三螺旋理论、协同理论、社会网络理论等相关理论的基础上，提出本书的理论分析框架，指出：一是协同创新网络是一种主体、要素及发生环节共存共生、协同进化的生态系统，创新主体在创新要素的交互作用下沟通、协调、合作与协同，实现价值创造以及协同创新活动必须与外部环境变化相适应。二是聚焦协同创新网络中的企业、高校和科研机构等创新主体，本书从局域网的范畴考察成渝地区双城经济圈协同创新主体网络与协同创新主体所在地区网络。三是采用社会网络分析从整体结构和节点特征两个方面来刻画协同创新网络，对整体结构特征进行刻画的参数主要包括网络规模、网络密度、平均最短路径、平均度数、平均聚类系数等，对节点特征进行刻画的参数主要有点度中心度、中间中心度、接近中心度和节点强度等。

4 成渝地区双城经济圈创新现状

4.1 创新投入现状

4.1.1 数据说明

根据《成渝地区双城经济圈建设规划纲要》，成渝地区双城经济圈规划范围包括重庆市的中心城区及万州、涪陵、綦江、大足、黔江、长寿、江津、合川、永川、南川、璧山、铜梁、潼南、荣昌、梁平、丰都、垫江、忠县等 27 个区（县）以及开州、云阳的部分地区，四川省的成都、自贡、泸州、德阳、绵阳（除平武县、北川县）、遂宁、内江、乐山、南充、眉山、宜宾、广安、达州（除万源市）、雅安（除天全县、宝兴县）、资阳等 15 个市，总面积 18.5 万平方千米。由于缺乏区（县）层面的科技创新数据，考虑到数据的可得性，为更为全面地刻画成渝地区双城经济圈创新活动状况，本章从省市层面来考察重庆和四川的创新现状。基础数据来自历年《中国科技统计年鉴》《科技统计资料汇编》。

4.1.2 R&D 人员

图 4.1 反映了 2010—2021 年重庆与四川 R&D 人员规模的持续扩大趋势。重庆市 R&D 人员从 2010 年的 58 886 人增长至 2021 年的 202 465 人，增长了 2.44 倍，年均增长率高达 11.88%。同期，四川省 R&D 人员从 2010 年的 130 400 人上升至 2021 年的 311 721 人，增长了 1.39 倍，年均增长率为 8.25%。重庆市 R&D 人员总量虽低于四川省，但具有更高的增长速度。除 2015 年、2019 年和 2020 年外，其余年份重庆市 R&D 人员增长

率均超过了 10%，在 2021 年 R&D 人员增长率更是高达 21.8%。四川省 R&D 人员增长率仅在 2012—2014 年和 2017 年超过了 10%，值得注意的是，2021 年四川省 R&D 人员增长率仅为 6.49%。

图 4.1　2010—2021 年重庆与四川 R&D 人员情况

表 4.1 为 2010—2021 年重庆与四川 R&D 人员的学历分布情况。2010—2021 年，重庆和四川本科毕业 R&D 人员占 R&D 全时人员比重的平均值分别为 60.90% 和 62.43%，重庆和四川硕士毕业 R&D 人员占 R&D 全时人员比重的平均值分别为 23.82% 和 29.24%，重庆和四川博士毕业 R&D 人员占 R&D 全时人员比重的平均值分别为 11.43% 和 12.65%。重庆市本科、硕士和博士毕业的 R&D 人员占比略低于四川。具体来看，2010—2021 年，重庆市本科毕业 R&D 人员占比由 54.75% 提升至 68.50%，上升了 13.75 个百分点，并在 2017 年该占比达到最高值 73.81%。同期，四川省本科毕业 R&D 人员占比由 61.77% 提升至 65.59%，上升了 3.83 个百分点。2010—2021 年，重庆市硕士毕业 R&D 人员占比由 27.84% 下滑至 23.25%，下降了 4.57 个百分点。同期，四川省硕士毕业 R&D 人员占比由 26.76% 提升至 30.06%，上升了 3.30 个百分点，并在 2018 年该占比达到最高值 32.04%。2010—2021 年，重庆市博士毕业 R&D 人员占比由 11.48% 上升至 12.62%，上升了 1.14 个百分点，并在 2020 年该占比达到最高值 13.01%。同期，四川省博士毕业 R&D 人员占比由 9.41% 提升至 14.84%，

上升了 5.43 个百分点。

表 4.1　2010—2021 年重庆与四川 R&D 人员的学历分布　　单位:%

年份	博士毕业		硕士毕业		本科毕业	
	重庆	四川	重庆	四川	重庆	四川
2010	11.48	9.41	27.84	26.76	54.75	61.77
2011	11.15	10.23	25.84	29.32	53.13	69.12
2012	11.44	10.73	26.37	28.56	56.76	63.87
2013	10.98	11.63	24.89	28.72	51.23	48.92
2014	10.55	13.35	22.79	29.25	47.21	48.03
2015	11.00	14.37	23.76	31.41	46.86	50.70
2016	11.33	12.05	22.41	28.14	73.63	73.42
2017	11.47	12.18	21.43	29.82	73.81	71.48
2018	9.61	14.84	22.20	32.04	70.62	68.93
2019	12.50	14.28	22.12	28.98	67.74	66.17
2020	13.01	13.93	22.91	27.89	66.55	61.20
2021	12.62	14.84	23.25	30.06	68.50	65.59

图 4.2 反映了 2010—2021 年重庆与四川 R&D 人员全时当量的变动趋势。重庆市 R&D 人员全时当量从 2010 年的 37 078 人年增长至 2021 年的 123 446.4 人年,增长了 2.33 倍,年均增长率高达 11.55%。同期,四川省 R&D 人员从 2010 年的 83 800.3 人年上升至 2021 年的 197 143 人年,增长了 1.35 倍,年均增长率为 8.09%。重庆市 R&D 人员全时当量虽低于四川省,但具有更高的增长速度。在样本期内,除 2015 年、2019 年和 2020 年外,其余年份重庆市 R&D 人员全时当量的增长率均超过了 10%。四川省 R&D 人员全时当量增长率仅在 2012 年、2013 年、2017 年和 2020 年超过了 10%,值得注意的是,2011 年和 2015 年四川省 R&D 人员全时当量的增长率均为负。

图 4.2　2010—2021 年重庆与四川 R&D 人员全时当量情况

　　表 4.2 为 2010—2021 年重庆与四川 R&D 人员全时当量的活动类型分布情况。2010—2021 年，重庆和四川基础研究人员全时当量占 R&D 全时当量比重的平均值分别为 7.66% 和 9.75%，重庆和四川应用研究人员全时当量占 R&D 全时当量比重的平均值分别为 14.54% 和 18.57%，重庆和四川试验发展人员全时当量占 R&D 全时当量比重的平均值分别为 77.81% 和 71.71%。基础研究人员全时当量占比低于 10%，应用研究人员全时当量占比低于 20%，试验发展人员全时当量占比则高于 70%。具体来看，2010—2021 年，重庆市基础研究人员全时当量占比由 9.80% 下降至 7.11%，下降了 2.69 个百分点，并在 2011 年达到最高值 10.29%。同期，四川省基础研究人员全时当量占比由 11.07% 下降至 9.45%，下降了 1.61 个百分点，并在 2011 年达到最高值 12.04%。2010—2021 年，重庆市应用研究人员全时当量占比由 16.32% 下滑至 14.55%，下降了 1.77 个百分点，在 2020 年该占比达到最高值 16.47%。同期，四川省应用研究人员全时当量占比由 21.83% 下降至 19.14%，下降了 2.69 个百分点。2010—2021 年，重庆市试验发展人员全时当量占比由 73.89% 上升至 78.34%，上升了 4.45 个百分点，在 2014 年该占比达到最高值 81.87%。同期，四川省试验发展人员全时当量占比由 67.11% 提升至 71.41%，上升了 4.30 个百分点，在 2018 年该占比达到最高值 75.78%。

表 4.2　2010—2021 年重庆与四川 R&D 人员全时当量活动类型分布

单位:%

年份	基础研究		应用研究		试验发展	
	重庆	四川	重庆	四川	重庆	四川
2010	9.80	11.07	16.32	21.83	73.89	67.11
2011	10.29	12.04	15.31	20.24	74.41	67.97
2012	8.72	11.04	15.64	17.98	75.64	70.97
2013	6.97	10.71	13.10	17.31	79.93	71.99
2014	6.51	10.20	11.62	19.54	81.87	70.26
2015	6.68	9.86	12.81	18.38	80.50	71.76
2016	6.73	8.72	13.33	17.90	79.94	73.38
2017	7.03	8.03	13.61	17.66	79.36	74.31
2018	6.76	7.79	15.71	16.43	77.53	75.78
2019	8.15	9.44	15.99	19.35	75.87	71.22
2020	7.12	8.62	16.47	17.08	76.41	74.30
2021	7.11	9.45	14.55	19.14	78.34	71.41

4.1.3　创新支出

图 4.3 反映了 2010—2021 年重庆与四川 R&D 经费内部支出的变动趋势。总体来看,2010—2021 年,重庆与四川 R&D 经费内部支出均呈现逐年扩大趋势。重庆市 R&D 经费内部支出从 2010 年的 1 002 663.3 万元增长至 2021 年的 6 038 409.7 万元,增长了 5.02 倍,年均增长率高达 17.73%。同期,四川省 R&D 经费内部支出从 2010 年的 2 642 695.3 万元上升至 2021 年的 12 145 208.6 万元,增长了 3.60 倍,年均增长率为 14.87%。重庆市 R&D 经费内部支出规模虽低于四川省,但具有更高的增长速度。2011 年、2012 年、2015 年、2016 年和 2017 年,重庆市 R&D 经费内部支出增长率均超过了 20%。在样本期内,四川省 R&D 经费内部支出增长率仅在 2020 年超过了 20%。

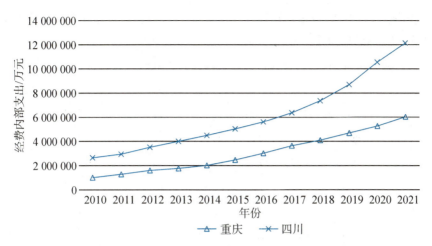

図 4.3　2010—2021 年重庆与四川 R&D 经费内部支出情况

表 4.3 呈现了 2010—2021 年重庆与四川 R&D 经费内部支出的资金来源分布情况。2010—2021 年，重庆和四川 R&D 经费内部支出中的政府资金比重的平均值分别为 15.18% 和 43.57%，重庆和四川 R&D 经费内部支出中的企业资金比重的平均值分别为 80.59% 和 51.28%，重庆和四川 R&D 经费内部支出中的国外资金比重的平均值分别为 0.21% 和 0.21%，重庆和四川 R&D 经费内部支出中的其他资金比重的平均值分别为 4.04% 和 4.95%。重庆市 R&D 经费内部支出中企业资金占绝对主导地位，而四川省 R&D 经费内部支出中以企业资金和政府资金为主。具体来看，2010—2021 年，重庆市 R&D 经费内部支出中政府资金占比由 20.76% 下降至 14.62%，下降了 6.14 个百分点。同期，四川省 R&D 经费内部支出中政府资金占比由 56.57% 下降至 42.25%，下降了 14.32 个百分点。2010—2021 年，重庆市 R&D 经费内部支出中企业资金占比由 75.33% 上升至 80.85%，上升了 5.52 个百分点，在 2014 年该占比达到最高值 85.99%。同期，四川省 R&D 经费内部支出中企业资金占比由 41.21% 上升至 53.65%，上升了 12.44 个百分点，该占比在 2019 年达到最高值 58.61%。2010—2021 年，重庆市 R&D 经费内部支出中国外资金占比由 0.31% 下降至 0.09%，下降了 0.22 个百分点。同期，四川省 R&D 经费内部支出中国外资金占比由 0.23% 下滑至 0.03%，下降了 0.19 个百分点。2010—2021 年，重庆市 R&D 经费内部支出中其他资金占比由 3.60% 上升至 4.45%，上升了 0.85 个百分点，该占比在 2012 年达到最高值 6.68%。同期，四川省 R&D 经费内部支出中

其他资金占比由 1.99% 上升至 4.06%，上升了 2.07 个百分点，该占比在 2013 年达到最高值 11.44%。

表 4.3　2010—2021 年重庆与四川 R&D 经费内部支出的资金来源分布

单位:%

年份	政府资金		企业资金		国外资金		其他资金	
	重庆	四川	重庆	四川	重庆	四川	重庆	四川
2010	20.76	56.57	75.33	41.21	0.31	0.23	3.60	1.99
2011	15.69	51.05	79.06	46.06	0.42	0.31	4.83	2.58
2012	14.43	48.79	78.74	47.71	0.15	0.31	6.68	3.19
2013	13.66	38.20	82.34	50.05	0.26	0.31	3.74	11.44
2014	11.52	43.00	85.99	49.36	0.20	0.31	2.29	7.33
2015	14.76	45.78	82.75	48.52	0.35	0.26	2.14	5.44
2016	14.57	42.82	80.80	52.19	0.16	0.19	4.47	4.79
2017	13.92	38.50	81.54	56.48	0.14	0.09	4.40	4.93
2018	17.00	39.47	79.00	57.45	0.16	0.12	3.85	2.96
2019	16.57	36.52	79.51	58.61	0.01	0.06	3.91	4.81
2020	14.66	39.82	81.21	54.08	0.05	0.25	4.08	5.85
2021	14.62	42.25	80.85	53.65	0.09	0.03	4.45	4.06

　　图 4.4 反映了 2011—2021 年重庆与四川 R&D 经费外部支出的变动趋势。总体来看，2011—2021 年，重庆与四川 R&D 经费外部支出增长迅速，但特定年份 R&D 经费外部支出出现负增长。重庆市 R&D 经费外部支出从 2011 年的 78 961.8 万元增长至 2021 年的 351 485 万元，增长了 3.45 倍，年均增长率高达 16.10%。同期，四川省 R&D 经费外部支出从 2011 年的 127 844 万元上升至 2021 年的 635 370 万元，增长了 3.97 倍，年均增长率高达 17.39%。2015 年，重庆市 R&D 经费外部支出出现负增长，2016 年、2017 年和 2019 年，重庆市 R&D 经费外部支出增长率均超过了 20%。2018 年和 2021 年，四川省 R&D 经费外部支出出现负增长，2012 年、2015 年、2017 年和 2019 年，四川省 R&D 经费外部支出增长率均超过了 20%。

图4.4　2011—2021年重庆与四川R&D经费外部支出情况

注：2011年前的R&D经费外部支出数据缺失，故仅对2011—2021年相关数据进行分析。若存在数据缺失，本章研究样本区间出现相应调整，下文不再重复说明。

表4.4呈现了2011—2021年重庆与四川R&D经费外部支出的资金去向分布情况。2011—2021年，重庆和四川R&D经费外部支出中对境内研究机构支出所占比重的平均值分别为32.63%和39.72%，重庆和四川R&D经费外部支出中对境内高等学校支出所占比重的平均值分别为13.50%和19.66%，重庆和四川R&D经费外部支出中对境内企业支出所占比重的平均值分别为40.27%和33.21%，重庆和四川R&D经费外部支出中对境外机构支出所占比重的平均值分别为13.19%和2.80%。重庆市R&D经费外部支出以对境内研究机构支出为主转向以对境内企业支出为主，对境外机构支出占比波动范围较大。四川省R&D经费外部支出以对境内研究机构和高等学校支出为主转向以对境内企业和研究机构支出为主。具体来看，2011—2021年，重庆市R&D经费外部支出中对境内研究机构支出占比由45.37%下降至14.03%，下降了31.34个百分点，该占比在2013年达到最高值61.23%。同期，四川省R&D经费外部支出中对境内研究机构支出占比由39.46%下降至30.96%，下降了8.50个百分点，该占比在2015年达到最高值51.05%。2011—2021年，重庆市R&D经费外部支出中对境内高等学校支出占比由15.40%下降至7.19%，下降了8.21个百分点，该占比在2015年达到最高值18.96%。同期，四川省R&D经费外部支出中对境内

高等学校支出占比由 33.74% 下降至 13.67%，下降了 20.06 个百分点。2011—2021 年，重庆市 R&D 经费外部支出中对境内企业支出占比由 4.47% 上升至 53.05%，上升了 48.58 个百分点，该占比在 2020 年达到最高值 66.19%。同期，四川省 R&D 经费外部支出中对境内企业支出占比由 19.15% 上升至 46.92%，上升了 27.77 个百分点，该占比在 2019 年达到最高值 54.38%。2011—2021 年，重庆市 R&D 经费外部支出中对境外机构支出占比由 34.76% 下降至 25.28%，下降了 9.48 个百分点，该占比在 2017 年达到最低值 4.96%。同期，四川省 R&D 经费外部支出中对境外机构支出占比由 4.80% 下降至 1.28%，下降了 3.52 个百分点。

表 4.4 2011—2021 年重庆与四川 R&D 经费外部支出的资金去向分布

单位:%

年份	对境内研究机构支出		对境内高等学校支出		对境内企业支出		对境外机构支出	
	重庆	四川	重庆	四川	重庆	四川	重庆	四川
2011	45.37	39.46	15.40	33.74	4.47	19.15	34.76	4.80
2012	55.95	49.13	16.33	33.02	11.57	12.55	16.09	4.62
2013	61.23	50.80	16.41	27.48	13.65	16.92	8.37	2.51
2014	53.31	44.58	14.51	25.89	13.96	27.13	16.02	2.09
2015	31.80	51.05	18.96	21.27	40.69	24.61	8.30	2.35
2016	26.26	32.58	16.15	18.37	50.08	28.86	7.52	4.10
2017	16.03	39.30	13.54	13.90	65.39	41.39	4.96	2.43
2018	17.27	40.87	11.65	11.58	59.01	44.22	11.57	2.89
2019	18.48	22.03	10.50	9.02	64.98	54.38	5.82	2.20
2020	19.21	36.11	7.85	8.32	66.19	49.12	6.38	1.56
2021	14.03	30.96	7.19	13.67	53.05	46.92	25.28	1.28

4.2 主要创新主体现状

4.2.1 规模以上工业企业

表 4.5 呈现了 2011—2021 年重庆与四川规模以上工业企业 R&D 投入情况。重庆与四川规模以上工业企业 R&D 人员全时当量分别从 2011 年的 27 652 人年和 36 839 人年增长至 2021 年的 83 845 人年和 95 650 人年，分别增长了 2.03 倍和 1.60 倍，年均增长率分别为 11.73% 和 10.01%。在 2014 年、2017 年和 2021 年重庆市规模以上工业企业 R&D 人员全时当量具有较高的增长率，在 2015 年、2016 年和 2019 年重庆市规模以上工业企业 R&D 人员全时当量则具有较低的增长率。在 2012 年和 2017 年四川省规模以上工业企业 R&D 人员全时当量具有较高的增长率，在 2015 年、2016 年和 2019 年其增长率为负或处于较低水平。2011—2021 年，重庆与四川规模以上工业企业 R&D 经费内部支出分别由 943 975 万元和 1 044 666 万元上升至 4 245 267 万元和 48 017 091 万元，分别增长了 3.50 倍和 3.60 倍，年均增长率分别为 16.22% 和 16.48%。在样本期内，重庆市规模以上工业企业 R&D 经费内部支出的增长率仅在 2018 年低于 10%，四川省规模以上工业企业 R&D 经费内部支出的增长率均高于 10%，在 2012 年甚至高达 36.15%。2011—2021 年，重庆与四川规模以上工业企业 R&D 经费外部支出分别由 70 739 万元和 60 582 万元上升至 194 336 万元和 280 334 万元，分别增长了 1.75 倍和 3.63 倍，年均增长率分别为 10.63% 和 16.56%。2012 年、2015 年、2019 年和 2020 年，重庆市规模以上工业企业 R&D 经费外部支出均出现负增长，而在 2016 年、2017 年和 2021 年，其增长率均超过了 30%。2018 年和 2020 年，四川省规模以上工业企业 R&D 经费外部支出均出现负增长，而在 2012 年其增长率高达 67.42%。重庆市规模以上工业企业的 R&D 人员全时当量和 R&D 经费内部支出均低于四川，且重庆市规模以上工业企业 R&D 经费外部支出的增长率显著低于四川。

表 4.5　2011—2021 年重庆与四川规模以上工业企业 R&D 投入

年份	规模以上工业企业 R&D 人员全时当量 /人年		规模以上工业企业 R&D 经费内部支出 /万元		规模以上工业企业 R&D 经费外部支出 /万元	
	重庆	四川	重庆	四川	重庆	四川
2011	27 652	36 839	943 975	1 044 666	70 739	60 582
2012	31 577	50 533	1 171 045	1 422 310	67 915	101 428
2013	36 605	58 148	1 388 199	1 688 902	71 948	116 589
2014	43 797	62 145	1 664 720	1 960 112	78 937	132 540
2015	45 129	56 841	1 996 609	2 238 051	76 250	163 625
2016	47 392	60 146	2 374 859	2 572 607	104 155	172 363
2017	56 416	71 968	2 799 986	3 010 846	138 758	214 943
2018	61 956	77 848	2 992 091	3 423 923	156 614	197 652
2019	62 424	78 289	3 358 918	3 878 572	145 723	253 216
2020	69 843	90 128	3 725 610	4 276 383	139 410	251 016
2021	83 845	95 650	4 245 267	4 801 710	194 336	280 334

图 4.5 反映了 2011—2021 年重庆与四川规模以上工业企业 R&D 项目数与研发机构数的变动趋势。重庆与四川规模以上工业企业 R&D 项目数分别从 2011 年的 4 524 项和 6 712 项增长至 2020 年的 16 167 项和 22 242 项，分别增长了 11 643 项和 15 530 项，年均增长率分别为 15.20% 和 14.24%。2015 年，重庆市规模以上工业企业 R&D 项目的增长率为−16.94%；2015 年和 2018 年，四川省规模以上工业企业 R&D 项目的增长率分别为−40.07% 和−4.69%。2011—2021 年，重庆与四川规模以上工业企业办研发机构数分别由 365 个和 587 个增长至 1 928 个和 2 023 个，分别增长了 1 563 个和 1 436 个，年均增长率分别为 18.11% 和 13.17%。2018 年和 2021 年，重庆市规模以上工业企业办研发机构数的增长率分别为−11.95% 和−7.44%，2015 年，四川省规模以上工业企业办研发机构数出现负增长。总体来看，重庆市规模以上工业企业 R&D 项目数与研发机构数均略低于四川。

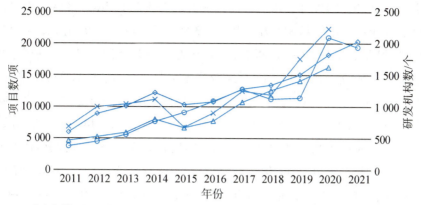

图 4.5　2011—2021年重庆与四川规模以上工业企业R&D项目数与研发机构数

注：重庆与四川规模以上工业企业R&D项目数对应主坐标轴，重庆与四川规模以上工业企业办研发机构数对应次坐标轴。

4.2.2　研究与开发机构

表4.6呈现了2010—2019年重庆和四川研究与开发机构R&D投入情况。重庆和四川研究与开发机构R&D人员全时当量分别从2010年的2 804人年和17 905人年增长至2019年的10 183人年和39 091人年，分别增长了2.63倍和1.18倍，年均增长率分别为15.41%和9.06%。在样本期内，重庆市研究与开发机构R&D人员全时当量的波动趋势明显，2014年和2017年，其增长率分别为-35.38%和-0.53%，2011年和2018年，其增长率分别高达30.42%和86.59%。同期，四川省研究与开发机构R&D人员全时当量的增长更为稳定，但其增长率整体上呈现出下降趋势。2010—2019年，重庆和四川研究与开发机构R&D经费内部支出分别由90 612万元和1 239 870万元上升至351 070万元和2 859 163万元，分别增长了2.87倍和1.31倍，年均增长率分别为16.24%和9.73%。在样本期内，重庆市研究与开发机构R&D经费内部支出的波动趋势明显，2013年、2014年和2017年，其增长率分别为-30.21%、-32.30%和-11.29%，2011年、2015年和2018年，其增长率分别高达70.22%、107.53%和62.71%。同期，四川省研究与开发机构R&D经费内部支出呈逐年上升趋势，但增长率仍存

在波动。2010—2019 年，重庆和四川研究与开发机构 R&D 经费外部支出分别由 1 546 万元和 40 815 万元上升至 3 896 万元和 122 704 万元，分别增长了 1.52 倍和 2.01 倍，年均增长率分别为 10.82% 和 13.01%。在样本期内，重庆市研究与开发机构 R&D 经费外部支出的波动趋势明显，2013 年、2014 年、2017 年和 2019 年，其增长率分别为 -6.78%、-51.23%、-42.88% 和 -30.52%，2012 年和 2016 年，其增长率分别为 122.14% 和 132.20%，其余年份增长率也超过了 20%。同期，四川省研究与开发机构 R&D 经费外部支出的增长率在 2011 年、2012 年和 2018 年为负，分别为 -60.87%、-8.60% 和 -36.55%，而在 2013 年、2015 年、2016 年和 2017 年则分别实现了 92.17%、52.48%、57.21% 和 103.54% 的高增长。重庆市研究与开发机构 R&D 人员全时当量、R&D 经费内部支出均显著低于四川且具有更高的增长率，重庆市研究与开发机构 R&D 经费外部支出显著低于四川且具有更低的增长率。

表 4.6　2010—2019 年重庆和四川研究与开发机构 R&D 投入情况

年份	研究与开发机构 R&D 人员全时当量 /人年		研究与开发机构 R&D 经费内部支出 /万元		研究与开发机构 R&D 经费外部支出 /万元	
	重庆	四川	重庆	四川	重庆	四川
2010	2 804	17 905	90 612	1 239 870	1 546	40 815
2011	3 657	21 334	154 242	1 281 221	2 452	15 970
2012	4 674	23 568	183 155	1 538 182	5 446	14 596
2013	5 139	26 236	127 825	1 679 334	5 077	28 049
2014	3 321	30 264	86 538	1 887 479	2 476	32 535
2015	4 283	31 863	179 589	2 116 421	3 384	49 611
2016	5 059	33 545	212 342	2 173 686	7 858	77 994
2017	5 032	35 889	188 372	2 211 427	4 489	158 749
2018	9 389	36 675	306 509	2 391 390	5 607	100 720
2019	10 183	39 091	351 070	2 859 163	3 896	122 704

图 4.6 反映了 2010—2019 年重庆和四川研究与开发机构数量及 R&D 课题数量的变动趋势。重庆市研究与开发机构数从 2010 年的 28 个增长至

2019 年的 31 个，增长了 3 个，年均增长率为 1.14%。同期，四川省研究与开发机构数从 2010 年的 171 个下降为 2019 年的 160 个，减少了 11 个，年均增长率为-0.74%。在样本期内，重庆市研究与开发机构数在 2016 年达到最高值，为 37 个，而四川省研究与开发机构数在 2014 年达到最高值 172 个。2010—2019 年，重庆和四川研究与开发机构 R&D 课题数分别从 868 项和 1 661 项上升至 3 573 项和 3 443 项，分别增长了 2 705 项和 1 782 项，年均增长率分别为 17.03%和 8.44%。重庆市研究与开发机构 R&D 课题数增长迅猛，2011 年、2015 年、2017 年和 2018 年，其增长率分别高达 21.43%、50.30%、19.03%和 33.97%。四川省研究与开发机构 R&D 课题数增长更为平稳，除 2013 年外，其余年份的增长率均低于 10%。

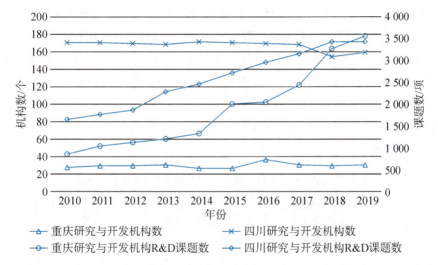

图 4.6　2010—2019 年重庆和四川研究与开发机构数及 R&D 课题数的变动趋势

注：重庆和四川研究与开发机构数对应主坐标轴，重庆和四川研究与开发机构 R&D 课题数对应次坐标轴。

4.2.3　高等学校

表 4.7 呈现了 2010—2021 年重庆与四川高等学校 R&D 投入情况。重庆与四川高等学校 R&D 人员全时当量分别从 2010 年的 7 131 人年和 14 569 人年增长至 2021 年的 14 919 人年和 32 120 人年，分别增长了 1.09 倍和 1.20 倍，年均增长率分别为 6.94%和 7.45%。在样本期内，重庆市高等学校 R&D 人员全时当量仅在 2011 年出现负增长，2019 年和 2021 年，

其增长率分别高达 20.80% 和 17.99%。四川省高等学校 R&D 人员全时当量在 2011 年和 2016 年出现负增长，在 2019 年增长率最高，达 26.00%。2010—2021 年，重庆与四川高等学校 R&D 经费内部支出分别由 143 384 万元和 363 259 万元上升至 588 804 万元和 954 977 万元，分别增长了 3.11 倍和 1.63 倍，年均增长率分别为 13.70% 和 9.18%。在样本期内，重庆市高等学校 R&D 经费内部支出增长迅猛，仅在 2011 年和 2014 年出现了负增长，2012 年、2016 年、2017 年和 2021 年等年份均具有较高的增长率。同期，四川省高等学校 R&D 经费内部支出在 2012 年出现负增长，其余年份增长率均为正，但增长相对平缓。2010—2021 年，重庆与四川高等学校 R&D 经费外部支出分别由 5 266 万元和 34 807 万元上升至 19 653 万元和 58 835 万元，分别增长了 2.73 倍和 0.69 倍，年均增长率分别为 12.72% 和 4.89%。在样本期内，重庆市高等学校 R&D 经费外部支出增长迅猛，虽然在 2011 年、2013 年、2018 年和 2021 年出现了负增长，但在其余年份实现了较高增长。同期，四川省高等学校 R&D 经费外部支出的增长率波动明显。重庆高等学校 R&D 人员全时当量、R&D 经费内部支出和 R&D 经费外部支出均低于四川，但重庆市高等学校 R&D 经费内部支出和外部支出具有更高的增长率。

表 4.7 2010—2021 年重庆与四川高等学校 R&D 投入情况

年份	高等学校 R&D 人员全时当量 /人年		高等学校 R&D 经费内部支出 /万元		高等学校 R&D 经费外部支出 /万元	
	重庆	四川	重庆	四川	重庆	四川
2010	7 131	14 569	143 384	363 259	5 266	34 807
2011	6 303	13 489	116 172	447 640	4 890	30 530
2012	6 591	14 169	172 296	387 196	7 860	53 631
2013	6 868	15 126	175 320	428 783	6 309	59 039
2014	6 912	16 461	168 264	439 285	6 707	53 108
2015	7 815	17 613	189 929	465 250	7 999	54 052
2016	8 520	17 461	265 356	478 284	10 387	55 653
2017	9 589	19 515	340 854	558 042	14 766	44 932
2018	10 033	21 529	396 314	662 684	8 842	42 920

表4.7(续)

年份	高等学校 R&D 人员全时当量 /人年		高等学校 R&D 经费内部支出 /万元		高等学校 R&D 经费外部支出 /万元	
	重庆	四川	重庆	四川	重庆	四川
2019	12 120	27 127	462 499	785 882	22 725	48 546
2020	12 644	29 463	485 965	851 926	27 636	58 767
2021	14 919	32 120	588 804	954 977	19 653	58 835

图 4.7 反映了 2010—2021 年重庆与四川高等学校数量及 R&D 课题数量的变动趋势。重庆市高等学校数从 2010 年的 87 个下降至 2021 年的 69 个，减少了 18 个，年均增长率为-2.09%。同期，四川省高等学校数从 2010 年的 126 个增加为 2021 年的 134 个，增加了 8 个，年均增长率为 0.56%。在样本期内，重庆市高等学校数在 2014 年达到最高值，为 93 个。四川省高等学校数在 2011 年和 2014 年出现较大幅度的减少，但在 2015 年和 2018 年等年份有较大幅度的增加。2010—2021 年，重庆与四川高等学校 R&D 课题数分别从 13 415 项和 29 498 项上升至 37 486 项和 79 119 项，分别增长了 24 071 项和 49 621 项，年均增长率分别为 9.79%和 9.38%。重庆市高等学校 R&D 课题数仅在 2011 年出现下滑，而四川省高等学校 R&D 课题数呈现逐年上升趋势。

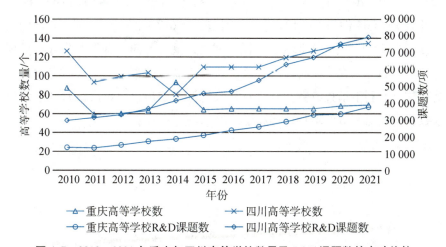

图 4.7　2010—2021 年重庆与四川高等学校数量及 R&D 课题数的变动趋势

注：重庆与四川高等学校数量对应主坐标轴，重庆与四川高等学校 R&D 课题数对应次坐标轴。

4.3 创新产出现状

4.3.1 专利

图 4.8 反映了 2010—2021 年重庆与四川的专利情况。2010—2021 年，重庆与四川当年专利申请受理数分别从 22 825 件和 40 230 件上升至 83 555 件和 163 664 件，分别增长了 2.66 倍和 3.07 倍，年均增长率分别高达 12.52% 和 13.61%。在样本期内，重庆市专利申请受理数在 2016 年、2019 年和 2021 年出现了负增长，在 2011 年、2015 年的增长率分别高达 40.37% 和 49.72%。同期，四川省专利申请受理数在 2018 年和 2019 年出现负增长，6 年时间其增长率超过 20%。2010—2021 年，重庆与四川当年专利申请授权数分别从 12 080 件和 32 212 件上升至 76 206 件和 146 936 件，分别增长了 5.31 倍和 3.56 倍，年均增长率分别高达 18.23% 和 14.79%。在样本期内，重庆市专利申请授权数在 2014 年、2017 年和 2019 年出现了负增长，但有 7 年时间其增长率超过 20%。四川省专利申请授权数在 2011 年、2016 年和 2019 年出现负增长，但有 5 年时间其增长率超过 30%。2010—2021 年，重庆与四川有效专利数分别从 30 947 件和 66 644 件上升至 239 004 件和 462 124 件，分别增长了 6.72 倍和 5.93 倍，年均增长率分别为 20.42% 和 19.25%。在样本期内，重庆与四川有效专利数均呈现逐年扩大趋势，在 6 年时间其有效专利增长率超过 20%。重庆市专利申请受理数、专利申请授权数和有效专利数均低于四川，但重庆市专利申请授权数和有效专利数的增长率均高于四川。

图4.8　2010—2021年重庆与四川的专利数量情况

表4.8反映了2010—2021年重庆与四川专利类型分布情况。2010—2021年，重庆和四川发明专利占有效专利比重的平均值分别为15.36%和16.78%，重庆和四川实用新型专利占有效专利比重的平均值分别为61.42%和53.92%，重庆和四川外观设计专利占有效专利比重的平均值分别为23.22%和29.29%。具体来看，2010—2021年，重庆市发明专利占比由10.13%上升至17.72%，上升了7.59个百分点。同期，四川省发明专利占比由9.80%上升至18.87%，上升了9.07个百分点。2010—2021年，重庆市实用新型专利占比从50.84%上升至69.41%，上升了18.57个百分点，同期四川省实用新型专利占比从39.41%上升至66.30%，上升了26.89个百分点。2010—2021年，重庆市外观设计专利占比从39.03%下降至12.87%，下降了26.16个百分点。同期，四川省外观设计专利占比从50.79%下跌至14.84%，下降了35.95个百分点。专利类型中，实用新型专利占比和发明专利占比得到提升，而外观设计专利占比出现较大幅度的下降。

表 4.8　2010—2021 年重庆与四川专利类型分布情况

单位:%

年份	发明专利		实用新型专利		外观设计专利	
	重庆	四川	重庆	四川	重庆	四川
2010	10.13	9.80	50.84	39.41	39.03	50.79
2011	11.57	12.44	53.18	43.76	35.26	43.80
2012	12.80	13.70	56.38	47.03	30.82	39.28
2013	13.00	13.95	59.54	51.25	27.46	34.80
2014	13.57	15.69	61.22	54.06	25.22	30.26
2015	13.49	16.98	62.99	53.28	23.53	29.75
2016	14.40	19.00	65.74	54.64	19.86	26.36
2017	18.34	20.65	64.13	55.97	17.53	23.38
2018	19.94	20.11	63.24	58.02	16.82	21.88
2019	20.51	20.61	63.78	60.06	15.71	19.33
2020	18.87	19.63	66.62	63.31	14.51	17.07
2021	17.72	18.87	69.41	66.30	12.87	14.84

4.3.2　论文

图 4.9 反映了 2010—2020 年重庆与四川在国外主要检索工具收录科技论文数的变动情况。2010—2020 年，重庆与四川当年在《科学引文索引》上收录的科技论文数分别从 2 408 篇和 4 843 篇上升至 11 287 篇和 23 424 篇，分别增长了 3.69 倍和 3.84 倍，年均增长率分别为 16.71%和 17.07%。2012 年和 2014 年，《科学引文索引》收录的重庆市科技论文数的增长率分别高达 32.66%和 26.01%，2013 年、2014 年、2018 年和 2019 年，《科学引文索引》收录的四川省科技论文数的增长率均超过了 20%。2010—2020 年，重庆与四川当年在《工程索引》上收录的科技论文数分别从 2 442 篇和 5 013 篇上升至 7 623 篇和 15 592 篇，分别增长了 2.12 倍和 2.11 倍，年均增长率分别为 12.06%和 12.02%。在样本期内，《工程索引》收录的重庆市科技论文数呈现逐年增长趋势，2015 年和 2020 年，其增长率分别为 23.66%和 24.70%。同期，《工程索引》当年收录的四川省科技论文数波

动趋势更为明显，2011 年和 2017 年其增长率为负，2013 年、2015 年和 2020 年，其增长率分别为 36.13%、20.64% 和 27.63%。2010—2020 年，重庆与四川当年在《会议论文集索引-科学》上收录的科技论文数分别从 1 407 篇和 2 859 篇下降至 698 篇和 1 739 篇，分别减少了 709 篇和 1 120 篇，年均增长率分别为-6.77% 和-4.85%。在样本期内，《会议论文集索引-科学》当年收录的重庆和四川科技论文数均在 2016 年达到其最高值，分别为 1 412 篇和 3 058 篇。重庆在国外主要检索工具收录的科技论文数低于四川。总体来看，《科学引文索引》《工程索引》上收录的重庆和四川科技论文数增长趋势明显，《会议论文集索引-科学》当年收录的重庆和四川科技论文数出现下降。

图 4.9 2010—2020 年重庆与四川在国外主要检索工具收录科技论文数变动情况

表 4.9 呈现了 2010—2020 年重庆与四川在国外主要检索工具收录科技论文数在我国 31 个省级行政区（不含港澳台）中的位次。可以看出，重庆和四川在《科学引文索引》上收录科技论文的位次相对稳定，重庆在 2017 年后下降了一位，四川在 2011 年后上升了一位。2010—2020 年，重庆在《工程索引》上收录科技论文的位次在第 16 位和第 17 位间波动，而四川在《工程索引》上收录科技论文的位次波动更为显著，从 2010 年的第 10 位上升至 2020 年的第 9 位，在 2016 年跃升至第 6 位。重庆在《会议

论文集索引-科学》上收录科技论文的位次从第 19 位上升至第 15 位，排名上升了 4 位，而四川在《会议论文集索引-科学》上收录科技论文的位次从第 14 位上升至第 7 位，排名上升了 7 位。

表 4.9   2010—2020 年重庆与四川在国外主要检索工具收录科技论文位次

年份	《科学引文索引》收录科技论文		《工程索引》收录科技论文		《会议论文集索引-科学》收录科技论文	
	重庆	四川	重庆	四川	重庆	四川
2010	16	10	16	10	19	14
2011	16	9	16	10	16	12
2012	16	9	16	9	17	12
2013	16	9	16	7	19	11
2014	16	9	17	8	19	9
2015	16	9	17	7	18	9
2016	16	9	16	6	18	7
2017	17	9	16	7	16	9
2018	17	9	16	7	15	7
2019	17	9	16	7	15	6
2020	17	9	17	9	15	7

4.3.3 技术成交

图 4.10 反映了 2010—2021 年技术市场技术流向重庆和四川的合同数与合同金额的变动趋势。2010—2021 年，技术市场技术流向重庆与四川的合同数分别从 2 310 项和 8 331 项增加至 9 548 项和 20 947 项，分别增长了 3.13 倍和 1.51 倍，年均增长率分别为 13.77% 和 8.74%。在样本期内，技术市场技术流向重庆市的合同数在 2014 年、2015 年和 2020 年出现了负增长，但在 2011 年、2013 年、2018 年、2019 年和 2021 年维持了高增长，增长率分别为 23.55%、52.74%、41.61%、23.70% 和 68.31%。同期，技术市场技术流向四川省的合同数在 2014 年、2015 年和 2019 年出现了负增长，而在 2018 年和 2020 年的增长率分别为 21.43% 和 37.20%。2010—2021 年，技术市场技术流向重庆与四川的合同金额分别从 884 903 万元和

723 340 万元上升至 5 180 495 万元和 12 637 617 万元，分别增长了 4.85 倍和 16.47 倍，年均增长率分别为 17.43% 和 29.70%。在样本期内，技术市场技术流向重庆市的合同金额波动剧烈，在 2011 年、2013 年、2015 年、2017 年、2019 年和 2020 年六年出现了负增长，但在 2012 年、2016 年和 2021 年其增长率超过了 100%。同期，技术市场技术流向四川省的合同金额在除 2014 年始终保持高增长趋势，在 2012 年、2013 年、2015 年、2017 年、2019 年和 2021 年其增长率分别为 73.73%、92.42%、27.22%、61.73%、38.41% 和 44.33%。相比于四川，技术市场技术流向重庆的合同数具有更高的增长率，但流向重庆的合同金额具有更低的增长率。

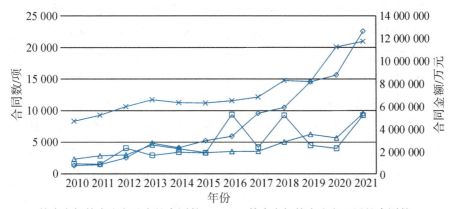

图 4.10　2010—2021 年技术市场技术流向重庆和四川的合同数与合同金额的变动趋势

注：技术市场技术流向重庆与四川的合同数对应主坐标轴，技术市场技术流向重庆与四川的合同金额对应次坐标轴。

　　表 4.10 反映了 2010—2021 年技术市场技术流向重庆与四川的合同类别分布情况。2010—2021 年，技术市场技术流向重庆、四川的技术开发合同额在流向重庆、四川的总合同金额中所占比重的平均值分别为 24.43% 和 27.87%，技术市场技术流向重庆、四川的技术转让合同额在流向重庆、四川的总合同金额中所占比重的平均值分别为 28.40% 和 9.93%，技术市场技术流向重庆、四川的技术咨询合同额在流向重庆、四川的总合同金额中所占比重的平均值分别为 2.97% 和 2.27%，技术市场技术流向重庆、四川的技术服务合同额在流向重庆、四川的总合同金额中所占比重的平均值

分别为 44.21% 和 59.93%。具体来看，2010—2021 年，技术市场技术流向重庆市的技术开发合同占比从 13.09% 下降至 11.00%，下降了 2.09 个百分点，在 2010 年占比达到最高值 60.81%。同期，技术市场技术流向四川省的技术开发合同占比从 45.34% 下降至 16.22%，下降了 29.12 个百分点，在 2011 年占比达到最高值 53.71%。2010—2021 年，技术市场技术流向重庆市的技术转让合同占比从 79.97% 下降至 29.82%，下降了 50.15 个百分点，并在 2014 年占比达到最低值 5.22%。同期，技术市场技术流向四川省的技术转让合同占比从 18.22% 下降至 3.80%，下降了 14.42 个百分点，并在 2019 年占比达到最低值 2.46%。2010—2021 年，技术市场技术流向重庆市的技术咨询合同占比从 0.80% 上升至 1.95%，上升了 1.15 个百分点，并在 2015 年占比达到最高值 8.98%。同期，技术市场技术流向四川省的技术咨询合同占比从 2.35% 下降至 1.27%，下降了 1.08 个百分点，并在 2011 年占比达到最高值 4.67%。2010—2021 年，技术市场技术流向重庆市的技术服务合同占比从 6.14% 上升至 57.24%，上升了 51.10 个百分点，并在 2012 年占比达到最高值 83.23%。同期，技术市场技术流向四川省的技术服务合同占比从 34.09% 上升至 78.72%，上升了 44.63 个百分点。

表 4.10　2010—2021 年技术市场技术流向重庆与四川的合同类别分布情况

单位:%

年份	技术开发		技术转让		技术咨询		技术服务	
	重庆	四川	重庆	四川	重庆	四川	重庆	四川
2010	13.09	45.34	79.97	18.22	0.80	2.35	6.14	34.09
2011	60.81	53.71	15.12	10.65	2.38	4.67	21.69	30.97
2012	10.49	42.12	5.37	14.57	0.92	2.62	83.23	40.69
2013	27.19	27.21	32.56	10.79	3.78	2.26	36.47	59.74
2014	32.49	28.67	5.22	13.05	1.91	1.31	60.38	56.98
2015	19.37	28.13	42.16	7.61	8.98	1.52	29.49	62.74
2016	13.04	19.88	51.32	13.71	2.44	3.62	33.20	62.79
2017	23.19	15.85	20.33	6.08	5.24	1.37	51.24	76.71
2018	27.32	18.61	18.38	8.84	0.74	0.88	53.56	71.67
2019	23.79	18.85	29.34	2.46	2.09	1.82	44.78	76.86

年份	技术开发		技术转让		技术咨询		技术服务	
	重庆	四川	重庆	四川	重庆	四川	重庆	四川
2020	31.35	19.84	11.26	9.36	4.36	3.58	53.03	67.23
2021	11.00	16.22	29.82	3.80	1.95	1.27	57.24	78.72

4.4 小结

考虑到数据的可得性，本章利用2010—2021年省市层面相关数据考察成渝地区双城经济圈创新现状。

（1）对重庆和四川创新投入现状进行考察发现：一是重庆市R&D人员总量虽低于四川省，但具有更高的增长速度。重庆市本科、硕士和博士毕业的R&D人员占比略低于四川。二是重庆市R&D人员全时当量虽低于四川省，但具有更高的增长速度。其中，基础研究人员全时当量占比低于10%，应用研究人员全时当量占比低于20%，试验发展人员全时当量占比则高于70%。三是重庆与四川R&D经费内部支出均呈现逐年扩大趋势。重庆市R&D经费内部支出中企业资金占绝对主导地位，而四川省R&D经费内部支出中以企业资金和政府资金为主。四是重庆与四川R&D经费外部支出增长迅速，但特定年份R&D经费外部支出出现负增长。重庆市R&D经费外部支出以对境内研究机构支出为主转向对境内企业支出为主，对境外机构支出占比波动范围较大。四川省R&D经费外部支出以对境内研究机构和高等学校支出为主转向以对境内企业和研究机构支出为主。

（2）对重庆和四川主要创新主体现状进行考察发现：一是重庆市规模以上工业企业的R&D人员全时当量、R&D经费内部支出、R&D项目数与研发机构数均低于四川，且重庆市规模以上工业企业R&D经费外部支出的增长率显著低于四川。二是重庆市研究与开发机构R&D人员全时当量、R&D经费内部支出均显著低于四川且具有更高的增长率，重庆市研究与开发机构R&D经费外部支出显著低于四川且具有更低的增长率。三是重庆市高等学校R&D人员全时当量、R&D经费内部支出和R&D经费外部支出均低于四川，但重庆市高等学校R&D经费内部支出和外部支出增长迅猛。

（3）对重庆和四川创新产出现状进行考察发现：一是重庆市专利申请受理数、专利申请授权数和有效专利数均低于四川，但重庆市专利申请授权数和有效专利数的增长率均高于四川。在专利类型中，实用新型专利占比和发明专利占比得到提升，而外观设计专利占比出现较大幅度的下降。二是重庆在国外主要检索工具上收录的科技论文数低于四川。总体来看，《科学引文索引》《工程索引》上收录的重庆和四川科技论文数增长趋势明显，《会议论文集索引-科学》当年收录的重庆和四川科技论文数出现下降，但在全国31个省级行政区中的位次有所提升。三是相比于四川，技术市场技术流向重庆的合同数具有更高的增长率，但流向重庆的合同金额具有更低的增长率。在合同类型中，以技术服务合同为主，重庆市技术转让合同占比显著高于四川省。

5 成渝地区双城经济圈国际协同创新现状

5.1 重庆与共建"一带一路"国家科技论文合作

5.1.1 数据说明

近年来，川渝地区在重大科技基础设施建设、基础研究能力提升、关键核心技术攻关、科技成果转化、创新人才集聚等方面持续发力，创新能力得到大幅度提升。《成渝地区双城经济圈建设规划纲要》，明确提出要增进成渝地区与共建"一带一路"国家的创新合作，合力打造科技创新高地。2022年6月，在推动成渝地区双城经济圈建设重庆四川党政联席会议第五次会议上审议了《成渝地区共建"一带一路"科技创新合作区实施方案》（以下简称《方案》），明确打造面向"一带一路"的科技交往中心、技术转移枢纽、产创融合新高地、协同创新示范区四大战略定位，着力构建以西部（成都）科学城和西部（重庆）科学城为核心，国家自主创新示范区、高新区、经开区和特色产业园区为承载，高等学校、科研院所、国际科技合作基地等为支撑的"一区、两核、多园、众点"的国际科技合作空间布局。《方案》提出，要通过"四个一批"来深化推进科技合作区建设，即共建一批重大科技创新平台、建设一批国际技术转移中心、招引一批高层次国际科技人才、组织一批国际科技交流活动。2023年4月，科技部等印发《关于进一步支持西部科学城加快建设的意见》，以西部（成都）科学城、重庆两江协同创新区、西部（重庆）科学城、中国（绵阳）科技城作为先行启动区，加快形成连片发展态势和集聚发展效应，有力带动成渝地区全面发展，形成定位清晰、优势互补、分工明确的协同创新网络，逐步构建"核心带动、多点支撑、整体协同"的发展态势。立足于推动共建"一带一路"高质量发展和成渝地区双城经济圈打造具有全国影响力的科技创新中心的时代背景，共建"一带一路"科技创新合作区成为中央赋予成渝地区的重要战略定位与使命。因此，本章将考察成渝地区双城经济圈与共建"一带一路"国家科技创新合作现状。

科技论文具有较强的专业性，能够反映科学研究的最新进展。因此，科技论文合作是研究创新合作常用的指标之一。本书利用 Web of Science 核心合集数据库来分析重庆与共建"一带一路"国家合作论文情况。采纳目前学术界的普遍做法，对于共建"一带一路"国家的界定为 65 个国家。除中国外，另外 64 个国家具体为：东南亚 11 国，即越南、老挝、柬埔寨、泰国、缅甸、马来西亚、新加坡、印度尼西亚、文莱、菲律宾、东帝汶；南亚 8 国，即印度、巴基斯坦、阿富汗、孟加拉国、斯里兰卡、尼泊尔、不丹和马尔代夫；中亚 5 国，即土库曼斯坦、吉尔吉斯斯坦、乌兹别克斯坦、塔吉克斯坦、哈萨克斯坦；西亚 17 国，即伊朗、伊拉克、土耳其、叙利亚、约旦、黎巴嫩、以色列、沙特阿拉伯、也门、阿曼、阿联酋、卡塔尔、科威特、巴林、希腊、塞浦路斯和埃及的西奈半岛；中东欧 16 国，即波兰、捷克共和国、斯洛伐克共和国、匈牙利、斯洛文尼亚、克罗地亚、罗马尼亚、保加利亚、塞尔维亚、黑山、北马其顿、波黑、阿尔巴尼亚、爱沙尼亚、立陶宛和拉脱维亚；独联体 7 国，即俄罗斯联邦、乌克兰、白俄罗斯、格鲁吉亚、阿塞拜疆、亚美尼亚和摩尔多瓦。

本书利用 Web of Science 核心合集数据库提供的作者地址字段进行检索，将作者地址同时包括重庆和一个共建"一带一路"国家的科技论文作为统计对象。检索时间是 2023 年 8 月 1 日至 8 月 5 日，获得重庆与共建"一带一路"国家合作论文信息 13 001 条。

5.1.2　重庆国际合作论文时间分布

图 5.1 呈现了重庆与共建"一带一路"国家合作论文的时间分布。重庆与共建"一带一路"国家的科技论文合作始于 1992 年，但早期阶段进展缓慢，在 2000 年以前，国际合作科技论文总计仅 21 篇。2000—2008年，重庆与共建"一带一路"国家的合作论文有所增长，但增长缓慢，年均发文量为 24.22 篇。2008—2022 年，重庆与共建"一带一路"国家国际

论文合作呈现快速增长趋势，由 2008 年的 42 篇上升至 2022 年的 2 089 篇，增长了 48.74 倍，年均发文量为 777.8 篇，年均增长率高达 32.00%。

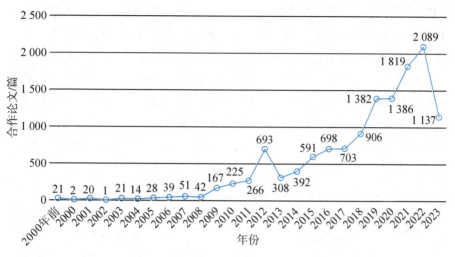

图 5.1　重庆与共建"一带一路"国家合作论文时间分布

5.1.3　重庆国际合作论文地区分布

表 5.1 展示了重庆与共建"一带一路"国家合作论文区域分布情况。可以看出，重庆与东南亚国家和西亚国家开展了较丰富的科技论文合作，合作论文分别为 4 059 篇和 3 797 篇，占重庆与共建"一带一路"国家合作论文总数的比重分别为 31.22% 和 29.21%。重庆与中东欧国家和南亚国家的合作论文分别为 2 274 篇和 1 821 篇，占比分别为 17.49% 和 14.01%。重庆与独联体国家的合作论文占比低于 10%，与中亚国家较少开展论文合作，合作论文仅有 72 篇。

表 5.1　重庆与共建"一带一路"国家合作论文区域分布情况

区域	合作论文/篇	合作论文占比/%	区域	合作论文/篇	合作论文占比/%
东南亚 11 国	4 059	31.22	西亚 17 国	3 797	29.21
南亚 8 国	1 821	14.01	中东欧 16 国	2 274	17.49
中亚 5 国	72	0.55	独联体 7 国	978	7.52

表 5.2 展示了重庆与共建"一带一路"国家合作论文的国别分布情况。重庆与除东帝汶、马尔代夫和土库曼斯坦外的 61 个共建"一带一路"国家开展了论文合作。其中，重庆与新加坡的专利合作关系最为紧密，自1993 年开始共有 2 760 篇合作论文，合作论文数占重庆与共建"一带一路"国家合作论文总数的比重为 21.23%。其次是波兰（占比为 7.51%）、沙特阿拉伯（占比为 7.25%）、印度（占比为 6.98%）和卡塔尔（占比为6.37%）。重庆与共建"一带一路"国家合作论文数排名前 5 位的国家共有 6 415 篇合作论文，占合作论文总数的比重为 49.34%。与重庆国际论文合作较为普遍的国家还包括巴基斯坦、俄罗斯、马来西亚、埃及、泰国、伊朗、土耳其、以色列、捷克、爱沙尼亚和希腊等国。

表 5.2　重庆与共建"一带一路"国家合作专利国别分布情况

国家	合作论文/篇	合作起始年份/年	合作论文占比/%	国家	合作论文/篇	合作起始年份/年	合作论文占比/%
新加坡	2 760	1993	21.23	保加利亚	64	2001	0.49
波兰	977	1999	7.51	黎巴嫩	51	1996	0.39
沙特阿拉伯	943	2009	7.25	斯里兰卡	40	2001	0.31
印度	907	1998	6.98	亚美尼亚	40	2013	0.31
卡塔尔	828	2005	6.37	乌兹别克斯坦	37	2005	0.28
巴基斯坦	727	2009	5.59	阿曼	36	2012	0.28
俄罗斯	657	1998	5.05	巴林	36	2014	0.28
马来西亚	424	2007	3.26	立陶宛	36	2015	0.28
埃及	386	2001	2.97	尼泊尔	34	1999	0.26
泰国	375	2001	2.88	拉脱维亚	34	2016	0.26
伊朗	305	2003	2.35	白俄罗斯	32	2001	0.25
土耳其	305	1999	2.35	哈萨克斯坦	25	2016	0.19
以色列	266	1995	2.05	科威特	22	2012	0.17
捷克	258	2008	1.98	叙利亚	21	2009	0.16
爱沙尼亚	256	2009	1.97	阿富汗	20	2014	0.15
希腊	214	2006	1.65	北马其顿	18	2015	0.14
越南	190	2006	1.46	缅甸	17	2007	0.13
菲律宾	186	2001	1.43	也门	11	2015	0.08
匈牙利	177	1997	1.36	阿塞拜疆	10	1996	0.08

表5.2(续)

国家	合作论文/篇	合作起始年份/年	合作论文占比/%	国家	合作论文/篇	合作起始年份/年	合作论文占比/%
罗马尼亚	135	1993	1.04	文莱	9	2017	0.07
格鲁吉亚	133	2001	1.02	阿尔巴尼亚	9	2018	0.07
塞尔维亚	132	2001	1.02	摩尔多瓦	7	2015	0.05
伊拉克	125	2009	0.96	老挝	6	2007	0.05
阿联酋	109	2012	0.84	柬埔寨	5	2007	0.04
乌克兰	99	2007	0.76	吉尔吉斯斯坦	5	2020	0.04
克罗地亚	95	2001	0.73	塔吉克斯坦	5	2015	0.04
孟加拉国	92	2001	0.71	波黑	4	2012	0.03
印度尼西亚	87	2001	0.67	斯洛伐克	3	2010	0.02
斯洛文尼亚	75	1994	0.58	不丹	1	2021	0.01
约旦	70	1992	0.54	黑山	1	2019	0.01
塞浦路斯	69	2011	0.53				

5.1.4　重庆国际合作论文作者数量

表 5.3 展示了重庆与共建"一带一路"国家合作论文的作者数量分布情况。在重庆与共建"一带一路"国家的合作论文中,作者数量超过 10 人的合作论文有 3 138 篇,占合作论文总数的比重为 24.14%。作者数量在 10 人以内的则以 3~7 人为主,占合作论文总数的比重为 54.40%,其中 3 人作者占比为 10.63%、4 人和 5 人作者占比均为 12.48%、6 人作者占比为 10.79%、7 人作者占比为 8.03%。

表 5.3　重庆与共建"一带一路"国家合作论文作者数量分布情况

作者数量	合作论文/篇	合作论文占比/%	作者数量	合作论文/篇	合作论文占比/%
1 人	170	1.31	7 人	1 044	8.03
2 人	753	5.79	8 人	771	5.93
3 人	1 382	10.63	9 人	625	4.81
4 人	1 622	12.48	10 人	471	3.62
5 人	1 622	12.48	10 人以上	3 138	24.14
6 人	1 403	10.79			

5.1.5 重庆国际合作论文引用情况

表 5.4 反映了重庆与共建"一带一路"国家合作论文的引用情况。2000 年前发表的重庆与共建"一带一路"国家合作论文中，单篇论文引用量均值为 58.52 次，但不同论文的引用量具有较大差异，标准差为 87.05，零引用论文占比为 23.81%。2000—2008 年，重庆与共建"一带一路"国家合作论文的单篇论文引用量均值、引用次数标准差、引用次数最大值及零引用论文占比均表现出明显的波动。2009—2012 年，重庆与共建"一带一路"国家合作论文出现显著增长，但也存在大量零引用论文，零引用论文占比区间为 19.55%~26.70%。2013—2016 年，重庆国际合作论文中出现了引用量超过 3 000 次的高引用论文，该期单篇论文引用量均值分别为 241.11 次、330.59 次、701.40 次和 220.71 次，零引用论文占比也出现下降。2017—2021 年各年发表的重庆国际合作论文的单篇论文引用量均值将增至两位数，零引用论文占比也较低。因发表时间较短，2022 年和 2023 年发表的合作论文单篇论文引用量较低，而零引用论文占比较高。

表 5.4 重庆与共建"一带一路"国家合作论文引用情况

	论文数/篇	均值	标准差	最小值	最大值	零值	零值比率/%
2000 年前	21	58.52	87.05	0	355	5	23.81
2000 年	2	47.00	22.63	31	63	0	0.00
2001 年	20	117.80	158.51	0	381	2	10.00
2002 年	1	8.00	—	8	8	0	0.00
2003 年	21	73.00	112.96	0	485	2	9.52
2004 年	14	53.07	53.83	1	155	0	0.00
2005 年	28	31.75	34.34	0	136	2	7.14
2006 年	39	20.74	27.97	0	99	8	20.51
2007 年	51	41.86	95.39	0	662	4	7.84
2008 年	42	22.88	36.02	0	183	5	11.90
2009 年	167	36.22	108.88	0	790	37	22.16
2010 年	225	24.08	63.19	0	292	51	22.67
2011 年	266	27.58	77.68	0	937	52	19.55

表5.4(续)

	论文数/篇	均值	标准差	最小值	最大值	零值	零值比率/%
2012 年	693	13.51	43.96	0	501	185	26.70
2013 年	308	241.11	765.88	0	3 261	48	15.58
2014 年	392	330.59	1 052.12	0	5 694	36	9.18
2015 年	591	701.40	1 348.17	0	4 840	47	7.95
2016 年	698	220.71	784.05	0	4 310	50	7.16
2017 年	703	43.96	63.00	0	736	34	4.84
2018 年	906	83.23	253.34	0	1 548	68	7.51
2019 年	1 382	32.75	45.04	0	354	93	6.73
2020 年	1 386	29.30	51.32	0	597	81	5.84
2021 年	1 819	29.39	90.29	0	764	176	9.68
2022 年	2 089	8.66	18.55	0	251	490	23.46
2023 年	1 137	1.88	5.69	0	64	702	61.74

5.1.6 重庆国际合作论文研究内容

为把握重庆与共建"一带一路"国家论文合作的重点研究内容，对合作论文题目进行分词分析。在 189 134 个总词数中共获得 27 318 条名词短语，其中的高频名词短语见表 5.5。可以看出，重庆国际合作论文的题目中，出现频率最高的是 the global burden of disease（全球疾病负担）、disease study（疾病研究）、patients（病人）、alirocumab（阿莫罗布单抗）、covid-19、prevalence（流行）、atrial fibrillation（心房纤颤）等医学领域词语。

表 5.5 重庆与共建"一带一路"国家合作论文题目中的高频名词短语

序号	名词短语	次数	序号	名词短语	次数
1	the global burden of disease	415	31	study	60
2	disease study	386	32	tobacco use	59
3	effect	373	33	204 countries	59
4	patients	282	34	territories	59

表5.5(续)

序号	名词短语	次数	序号	名词短语	次数
5	alirocumab	211	35	injuries	59
6	China	157	36	the use	59
7	a systematic analysis	150	37	characterization	58
8	covid-19	145	38	national incidence	57
9	prevalence	124	39	research	55
10	application	112	40	factor	55
11	analysis	109	41	atrial fibrillation-thrombolysis	54
12	a review	109	42	edoxaban	54
13	outcomes	100	43	luminescence	54
14	atrial fibrillation	96	44	hiv	53
15	188 countries	90	45	applications	53
16	synthesis	84	46	meta-analysis	52
17	ions	84	47	prediction	51
18	mortality	83	48	interpretation	51
19	mn4	81	49	rough sets	51
20	design	80	50	identification	51
21	development	79	51	global impact	49
22	myocardial infarction	78	52	control	49
23	a systematic review	77	53	management	48
24	optimization	70	54	maternal mortality	48
25	acute coronary syndrome	70	55	assays	48
26	guidelines	69	56	challenges	47
27	influence	66	57	the odyssey outcomes trial	47
28	the role	65	58	the impact	46
29	children	64	59	the odyssey	46
30	insights	61	60	results	45

更直观地，图5.2为重庆与共建"一带一路"国家合作论文题目的名词短语词云图。

图 5.2　重庆与共建"一带一路"国家合作论文题目的名词短语词云图

5.2　四川与共建"一带一路"国家科技论文合作

5.2.1　数据来源

本书利用 Web of Science 核心合集数据库来分析四川与共建"一带一路"国家合作论文情况。采纳目前学术界的普遍做法，对于共建"一带一路"国家的界定为 65 个国家。除中国外，另外 64 个国家具体为：东南亚 11 国，即越南、老挝、柬埔寨、泰国、缅甸、马来西亚、新加坡、印度尼西亚、文莱、菲律宾、东帝汶；南亚 8 国，即印度、巴基斯坦、阿富汗、孟加拉国、斯里兰卡、尼泊尔、不丹和马尔代夫；中亚 5 国，即土库曼斯坦、吉尔吉斯斯坦、乌兹别克斯坦、塔吉克斯坦、哈萨克斯坦；西亚 17 国，即伊朗、伊拉克、土耳其、叙利亚、约旦、黎巴嫩、以色列、沙特阿拉伯、也门、阿曼、阿联酋、卡塔尔、科威特、巴林、希腊、塞浦路斯和埃及的西奈半岛；中东欧 16 国，即波兰、捷克共和国、斯洛伐克共和国、匈牙利、斯洛文尼亚、克罗地亚、罗马尼亚、保加利亚、塞尔维亚、黑山、北马其顿、波黑、阿尔巴尼亚、爱沙尼亚、立陶宛和拉脱维亚；独联体 7 国，即俄罗斯联邦、乌克兰、白俄罗斯、格鲁吉亚、阿塞拜疆、亚美尼亚和摩尔多瓦。

本书利用 Web of Science 核心合集数据库提供的作者地址字段进行检索，将作者地址同时包括四川和一个共建"一带一路"国家的科技论文作为统计对象。检索时间是 2023 年 8 月 1 日至 8 月 5 日，获得四川与共建"一带一路"国家合作论文信息 20 197 条。

5.2.2　四川国际合作论文时间分布

图 5.3 呈现了四川与共建"一带一路"国家合作论文的时间分布。四川与共建"一带一路"国家的科技论文合作始于 1985 年，但早期阶段进展缓慢，在 2000 年以前，国际合作科技论文总计仅有 81 篇，年均发文量仅为 6.75 篇。2000—2008 年，四川与共建"一带一路"国家的合作论文有所上升，但增长仍较为缓慢，年均发文量为 40.11 篇。2008—2022 年，四川与共建"一带一路"国家国际论文合作呈现快速增长，由 2008 年的 70 篇迅速上升至 2022 年的 3 294 篇，增长了 46.06 倍，年均发文量为 1 218.93 篇，年均增长率高达 31.46%。

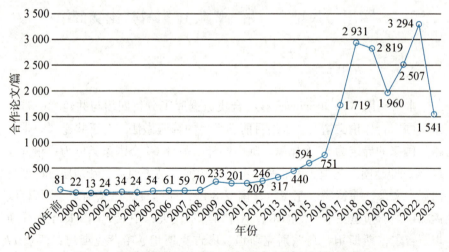

图 5.3　四川与共建"一带一路"国家合作论文的时间分布

5.2.3　四川国际合作论文地区分布

表 5.6 展示了四川与共建"一带一路"国家合作论文区域分布情况。可以看出，四川与西亚国家的科技论文合作关系最为丰富，合作论文为

5 606 篇，占四川与共建"一带一路"国家合作论文总数的比重为 27.76%。其次是东南亚国家、南亚国家和中东欧国家，合作论文分别为 4 378 篇、4 140 篇和 3 568 篇，占比分别为 21.68%、20.50%和 17.67%。四川与独联体国家的合作论文占比为 12.05%，与中亚国家较少开展论文合作，合作论文仅有 72 篇。

表 5.6 四川与共建"一带一路"国家合作论文区域分布情况

区域	合作论文/篇	合作论文占比/%	区域	合作论文/篇	合作论文占比/%
东南亚 11 国	4 378	21.68	西亚 17 国	5 606	27.76
南亚 8 国	4 140	20.50	中东欧 16 国	3 568	17.67
中亚 5 国	72	0.36	独联体 7 国	2 433	12.05

表 5.7 展示了四川与共建"一带一路"国家合作论文的国别分布情况。四川与除东帝汶、马尔代夫外的 62 个共建"一带一路"国家开展了论文合作。其中，四川与新加坡的专利合作关系最为紧密，自 1995 年开始存在 2 653 篇合作论文，合作论文数占四川与共建"一带一路"国家合作论文总数的比重为 13.14%。其次是巴基斯坦（占比为 9.24%）、印度（占比为 8.69%）、沙特阿拉伯（占比为 7.96%）、和俄罗斯（占比为 7.82%）。四川与共建"一带一路"国家合作论文数排名前 5 位的国家共有 9 464 篇合作论文，占合作论文总数的比重为 46.85%。与四川国际论文合作较为普遍的国家还包括土耳其、波兰、泰国、以色列、希腊、伊朗、捷克、马来西亚、罗马尼亚、匈牙利和塞浦路斯等国。

表 5.7 四川与共建"一带一路"国家合作专利国别分布情况

国家	合作论文/篇	合作起始年份/年	合作论文占比/%	国家	合作论文/篇	合作起始年份/年	合作论文占比/%
新加坡	2 653	1995	13.14	阿联酋	113	2011	0.56
巴基斯坦	1 867	1998	9.24	白俄罗斯	110	2015	0.54
印度	1 756	1988	8.69	塞尔维亚	100	2010	0.50
沙特阿拉伯	1 608	2001	7.96	爱沙尼亚	81	2008	0.40
俄罗斯	1 580	1995	7.82	保加利亚	79	2009	0.39
土耳其	992	1997	4.91	斯里兰卡	78	2000	0.39

国家	合作论文/篇	合作起始年份/年	合作论文占比/%	国家	合作论文/篇	合作起始年份/年	合作论文占比/%
波兰	814	1985	4.03	伊拉克	77	2012	0.38
泰国	612	1989	3.03	黎巴嫩	75	2011	0.37
以色列	539	1989	2.67	也门	67	2018	0.33
希腊	537	2004	2.66	约旦	63	2011	0.31
伊朗	513	1990	2.54	斯洛伐克	61	1996	0.30
捷克	508	2000	2.52	缅甸	56	2016	0.28
马来西亚	462	1989	2.29	阿曼	48	2009	0.24
罗马尼亚	437	2006	2.16	哈萨克斯坦	37	2014	0.18
匈牙利	416	1995	2.06	巴林	32	2008	0.16
塞浦路斯	411	2009	2.03	科威特	25	2018	0.12
埃及	361	2009	1.79	文莱	24	2015	0.12
斯洛文尼亚	350	1995	1.73	亚美尼亚	21	1995	0.10
立陶宛	321	2011	1.59	乌兹别克斯坦	17	1989	0.08
乌克兰	314	1993	1.55	阿富汗	11	2014	0.05
越南	303	2000	1.50	吉尔吉斯斯坦	11	2017	0.05
孟加拉国	286	1993	1.42	叙利亚	8	2015	0.04
拉脱维亚	224	2008	1.11	波黑	8	2009	0.04
格鲁吉亚	163	2006	0.81	阿尔巴尼亚	6	2011	0.03
克罗地亚	158	2005	0.78	老挝	5	2005	0.02
尼泊尔	138	1998	0.68	不丹	4	2018	0.02
卡塔尔	137	2011	0.68	塔吉克斯坦	4	2021	0.02
菲律宾	131	1989	0.65	北马其顿	4	2014	0.02
印度尼西亚	129	1995	0.64	柬埔寨	3	2017	0.01
阿塞拜疆	125	2019	0.62	土库曼斯坦	3	2011	0.01
摩尔多瓦	120	2016	0.59	黑山	1	2018	0.00

5.2.4　四川国际合作论文作者数量

表5.8展示了四川与共建"一带一路"国家合作论文的作者数量分布情况。在四川与共建"一带一路"国家的合作论文中，作者数量超过10

人的合作论文有 8 929 篇，占合作论文总数的比重为 44.20%。作者数量在 10 人以内的则以 3~7 人为主，占合作论文总数的比重为 39.01%，其中 3 人作者占比为 6.93%、4 人作者占比为 8.86%、5 人作者占比均为 8.69%、6 人作者占比为 8.02%、7 人作者占比为 6.51%。

表 5.8　四川与共建"一带一路"国家合作论文作者数量分布情况

作者数量	合作论文/篇	合作论文占比	作者数量	合作论文/篇	合作论文占比
1 人	132	0.65	7 人	1 315	6.51
2 人	750	3.71	8 人	975	4.83
3 人	1 400	6.93	9 人	807	4.00
4 人	1 789	8.86	10 人	725	3.59
5 人	1 755	8.69	10 人以上	8 929	44.20
6 人	1 620	8.02			

5.2.5　四川国际合作论文引用情况

表 5.9 反映了四川与共建"一带一路"国家合作论文的引用情况。2000 年前发表的四川与共建"一带一路"国家合作论文中，单篇论文引用量均值为 83.88 次，但不同论文的引用量具有较大差异，标准差为 117.47，零引用论文占比为 9.88%。2000—2008 年，除 2000 年和 2002 年外，四川与共建"一带一路"国家合作论文的单篇论文引用量均值在 40.85 次至 52.88 次区间内。2009 年和 2010 年，四川与共建"一带一路"国家合作论文中的零引用论文占比分别为 49.79% 和 26.87%，但该指标在 2011 年迅速下降至 3.47%。2012—2016 年以及 2018 年，四川与共建"一带一路"国家合作论文中出现了引用量超过 3 000 次的高引用论文，各年单篇论文引用量均值分别为 325.29 次、272.25 次、268.63 次、329.89 次、384.90 次和 126.79 次。2019—2021 年，各年发表的四川国际合作论文的单篇论文引用量均值将增至两位数。因发表时间较短，2022 年和 2023 年四川发表的国际合作论文单篇论文引用量较低，而零引用论文占比较高。

表 5.9　四川与共建"一带一路"国家合作论文引用情况

	论文数/篇	均值	标准差	最小值	最大值	零值	零值比率/%
2000 年前	81	83.88	117.47	0	600	8	9.88
2000 年	22	106.77	95.40	4	292	0	0.00
2001 年	13	40.85	100.79	1	375	0	0.00
2002 年	24	23.50	19.11	0	59	1	4.17
2003 年	34	50.97	52.12	0	154	3	8.82
2004 年	24	52.88	45.93	4	165	0	0.00
2005 年	54	42.76	45.36	0	179	1	1.85
2006 年	61	44.26	67.19	0	338	5	8.20
2007 年	59	43.36	54.12	0	276	2	3.39
2008 年	70	50.54	101.25	0	735	5	7.14
2009 年	233	23.67	123.27	0	1 298	116	49.79
2010 年	201	44.61	105.78	0	781	54	26.87
2011 年	202	33.45	43.43	0	240	7	3.47
2012 年	246	325.29	928.60	0	3 286	23	9.35
2013 年	317	272.25	754.46	0	3 261	20	6.31
2014 年	440	268.63	908.29	0	5 176	42	9.55
2015 年	594	349.89	869.59	0	3 635	35	5.89
2016 年	751	384.90	989.73	0	4 311	56	7.46
2017 年	1 719	40.42	86.42	0	1 436	86	5.00
2018 年	2 931	126.79	625.20	0	5 287	196	6.69
2019 年	2 819	29.41	55.78	0	878	179	6.35
2020 年	1 960	33.53	91.44	0	713	189	9.64
2021 年	2 507	24.31	78.20	0	763	237	9.45
2022 年	3 294	7.40	20.98	0	374	913	27.72
2023 年	1 541	1.55	4.16	0	50	950	61.65

5.2.6　四川国际合作论文研究内容

为把握四川与共建"一带一路"国家论文合作的重点研究内容，对合作论文题目进行分词分析。在 297 101 个总词数中共获得 35 399 条名词短语，其中的高频名词短语见表 5.10。可以看出，四川国际合作论文的题目中，the global burden of disease（全球疾病负担）、disease study（疾病研究）、patients（病人）、covid-19 等医学领域词语，以及 JET、JET-ILW、GeV（十亿电子伏特）、BESIII（北京谱仪）等词语出现频率均较高。

表 5.10　四川与共建"一带一路"国家合作论文题目中的高频名词短语

序号	名词短语	次数	序号	名词短语	次数
1	GET	607	31	clusters	96
2	observation	525	32	synthesis	96
3	the global burden of disease	418	33	guidelines	92
4	measurement	416	34	psi（3686）	92
5	effect	414	35	atrial fibrillation	92
6	disease study	406	36	the role	91
7	China	367	37	determination	90
8	analysis	345	38	age	88
9	impact	287	39	modelling	87
10	study	254	40	results	85
11	patients	249	41	progress	84
12	covid-19	245	42	evaluation	82
13	evidence	223	43	research	82
14	GeV	216	44	iter	82
15	mass	201	45	applications	81
16	application	196	46	interpretation	81
17	measurements	178	47	optimization	78
18	195 countries	178	48	Pakistan	78
19	territories	178	49	implications	77
20	BESIII	143	50	the jet tokamak	77

表5.10(续)

序号	名词短语	次数	序号	名词短语	次数
21	a review	138	51	j/psi	76
22	comparison	128	52	eta	75
23	asia	116	53	the management	74
24	the use	116	54	the decay	73
25	characterization	114	55	a systematic review	72
26	JET-ILW	111	56	simulation	72
27	development	107	57	prevalence	70
28	risks	99	58	the absolute branching fraction	70
29	investigation	97	59	assays	69
30	performance	96	60	identification	68

更直观地，图5.4为四川与共建"一带一路"国家合作论文题目的名词短语词云图。

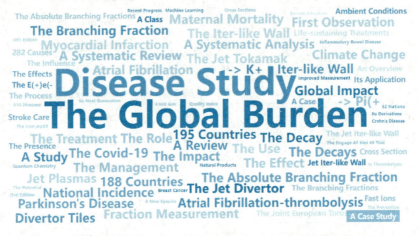

图5.4　四川与共建"一带一路"国家合作论文题目的名词短语词云图

5.3 中国与共建"一带一路"国家专利合作

5.3.1 数据说明

专利合作是协同创新活动的重要表现形式。由于缺乏省际层面的国际专利合作数据，考虑到数据的可得性，本章从中国整体层面来考察中国与共建"一带一路"国家专利合作态势。

北京合享智慧科技有限公司 incoPat 专利信息平台收录了全球 166 个国家、组织、地区的来自各国知识产权官方和商业机构的 1.7 亿余件专利信息，每周更新四次全球专利信息。通过全面的数据整合加工，incoPat 专利信息平台可提供申请号、申请日、申请人、申请人国别等 400 多个检索字段。本书利用 incoPat 专利信息平台提供的申请人国别字段进行检索，将申请人国别同时包括中国和一个共建"一带一路"国家的专利申请作为统计对象。由于 incoPat 专利信息平台没有东帝汶、阿富汗、尼泊尔、马尔代夫、阿联酋、科威特和波黑 7 个国家的代码信息，本书将其余 57 个国家列入检索范围。检索时间截至于 2023 年 7 月 31 日，共获得专利信息 6 488 条。

5.3.2 合作专利概括

图 5.5 呈现了中国与共建"一带一路"国家合作专利的时间分布情况。值得注意的是，由于发明专利有 18 个月的数据公开和数据入库周期，实用新型专利和外观专利一般有 6 个月的数据收录的延迟，考虑到时滞性，最近两年的统计信息只作参考。中国与共建"一带一路"国家的专利合作始于 1977 年，但早期阶段进展缓慢，在 2000 年以前，国际合作专利总计仅为 29 项。2000—2020 年，中国与共建"一带一路"国家的专利合作呈现先上升后下降再上升的波动增长趋势，由 2000 年的 18 项增长至 2020 年的 414 项，增长了 22 倍，年均增长率为 16.97%。2021 年，中国与共建"一带一路"国家的专利合作出现"井喷式"增长，合作专利高达 1 210 项。

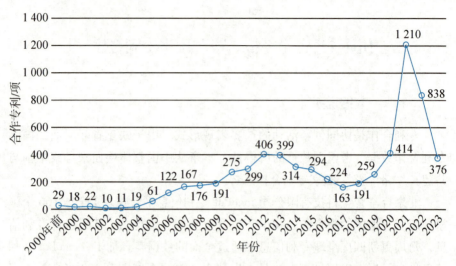

图 5.5 中国与共建"一带一路"国家合作专利时间分布情况

表 5.11 展示了中国与共建"一带一路"国家合作专利区域分布情况。中国与东南亚国家的专利合作关系最为紧密，存在 4 075 项合作专利，合作专利占中国与共建"一带一路"国家合作专利总数的比重为 62.81%。中国与南亚国家和西亚国家的合作专利分别为 805 项和 775 项，占比分别为 12.41% 和 11.95%。中国与中东欧国家和独联体国家的合作专利占比均低于 10%。中国与中亚国家很少开展专利合作，合作专利仅有 2 项。

表 5.11 中国与共建"一带一路"国家合作专利区域分布情况

区域	合作专利/项	合作专利占比/%	区域	合作专利/项	合作专利占比/%
东南亚 11 国	4 075	62.81	西亚 17 国	775	11.95
南亚 8 国	805	12.41	中东欧 16 国	491	7.57
中亚 5 国	2	0.03	独联体 7 国	340	5.24

表 5.12 展示了中国与共建"一带一路"国家合作专利的国别分布情况。中国与 42 个共建"一带一路"国家开展了专利合作。其中，中国与新加坡的专利合作关系最为紧密，自 1995 年开始存在 3 586 项合作专利，合作专利数占中国与共建"一带一路"国家合作专利总数的比重为 55.27%。排名靠前的还有印度和以色列，合作专利占比分别为 11.95% 和 9.39%。中国与共建"一带一路"国家合作专利数排名前 5 位的国家共有

5 516项合作专利，占合作专利总数的比重高达85.01%。可以看出，中国与共建"一带一路"国家专利合作的空间不均衡特征显著。

表5.12 中国与共建"一带一路"国家合作专利国别分布情况

国家	合作专利/项	合作起始年份/年	合作专利占比/%	国家	合作专利/项	合作起始年份/年	合作专利占比/%
新加坡	3 586	1995	55.27	印度尼西亚	9	2010	0.14
印度	775	1993	11.95	孟加拉国	9	2000	0.14
以色列	609	1996	9.39	不丹	9	2011	0.14
俄罗斯	313	1998	4.82	斯洛伐克共和国	7	1977	0.11
马来西亚	233	1995	3.59	巴基斯坦	6	2014	0.09
罗马尼亚	181	1990	2.79	斯里兰卡	6	2017	0.09
波兰	149	2002	2.30	伊朗	6	2009	0.09
泰国	115	2005	1.77	黎巴嫩	6	2003	0.09
菲律宾	82	1983	1.26	爱沙尼亚	6	2001	0.09
捷克	61	2001	0.94	白俄罗斯	6	2007	0.09
匈牙利	56	1986	0.86	缅甸	4	2009	0.06
沙特阿拉伯	53	2010	0.82	克罗地亚	4	2010	0.06
塞浦路斯	33	1995	0.51	保加利亚	4	1990	0.06
希腊	27	1996	0.42	约旦	3	2008	0.05
土耳其	23	2005	0.35	卡塔尔	3	2013	0.05
斯洛文尼亚	19	2007	0.29	格鲁吉亚	3	2003	0.05
越南	17	2001	0.26	柬埔寨	2	2007	0.03
乌克兰	17	2007	0.26	乌兹别克斯坦	2	2015	0.03
文莱	16	2006	0.25	塞尔维亚	2	2011	0.03
埃及	12	2010	0.18	阿尔巴尼亚	2	2021	0.03
老挝	11	2014	0.17	摩尔多瓦	1	2016	0.02

表5.13展示了中国与共建"一带一路"国家合作专利的公开国别分布情况。结合表5.12可以看出，中国与共建"一带一路"国家的合作专利的公开国别并没有以专利申请人国别进行布局。专利公开国别排名前10位的分别是世界知识产权局、美国、中国台湾、欧洲专利局、韩国、新加坡、加拿大、巴西、南非和俄罗斯。仅世界知识产权局和美国两个组织和

国家的专利申请量就达到了 5 072 件，占合作专利总量的 78.17%。

表 5.13　中国与共建"一带一路"国家合作专利公开国别分布情况

公开国别	合作专利/项	合作专利占比/%	公开国别	合作专利/项	合作专利占比/%
世界知识产权组织	3 544	54.62	欧盟	28	0.43
美国	1 528	23.55	英国	17	0.26
中国台湾	312	4.81	马来西亚	16	0.25
欧洲专利局	223	3.44	德国	15	0.23
韩国	73	1.13	波兰	14	0.22
新加坡	57	0.88	丹麦	13	0.20
加拿大	52	0.80	以色列	13	0.20
巴西	39	0.60	印度	11	0.17
南非	35	0.54	匈牙利	11	0.17
俄罗斯	35	0.54	菲律宾	10	0.15

表 5.14 展示了中国与共建"一带一路"国家合作专利的发明人数量分布情况。中国与共建"一带一路"国家的合作专利中，发明人数量以 3 个和 2 个为主，占合作专利总数的比重分别为 20.78% 和 20.22%。其次是 4 个发明人的合作专利，其占比为 15.71%。发明人数量为 1 个或 5 个的合作专利占比均超过了 10%。此外，发明人数量超过 10 人的合作专利占比为 4.30%。

表 5.14　中国与共建"一带一路"国家合作专利发明人数量分布情况

发明人数量	合作专利/项	合作专利占比/%	发明人数量	合作专利/项	合作专利占比/%
1 人	830	12.79	7 人	268	4.13
2 人	1 312	20.22	8 人	134	2.07
3 人	1 348	20.78	9 人	93	1.43
4 人	1 019	15.71	10 人	80	1.23
5 人	713	10.99	10 人以上	279	4.30
6 人	412	6.35			

5.3.3 合作专利分类

专利类型可以分为发明专利、实用新型专利和外观设计专利三种。其中，发明专利是指对产品、方法或者其改进所提出的新的技术方案；实用新型专利是指对产品的形状、构造或者其结合所提出的适于实用的新的技术方案；外观设计专利是指对产品的形状、图案或者其结合以及色彩与形状、图案的结合所做出的富有美感并适于工业应用的新设计。表 5.15 列示了中国与共建"一带一路"国家合作专利的类型分布情况。其中，创新含量高、经济价值大、授权难度大、保护周期长的发明专利占据绝对主导地位，占合作专利总数的比重高达 97.55%。实用新型专利占比和外观设计专利占比分别为 0.55% 和 1.90%。

表 5.15　中国与共建"一带一路"国家合作专利类型分布情况

类型	合作专利/项	合作专利占比/%
发明专利	6 329	97.55%
实用新型专利	36	0.55%
外观设计专利	123	1.90%

由世界知识产权组织发布的《国际专利分类表》（IPC 分类）是国际上通用的专利文献分类法，适用于对发明专利和实用新型专利进行 IPC 分类。IPC 分类包含从高至低的"部—大类—小类—大组—小组"5 个层级。以 C07D471/14 为例，首位字符 C 表示部，前 3 位字符 C07 表示大类，前 4 位字符 C07D 表示小类，人组是"/"前的字符 C07D471，小组是全部字符 C07D471/14。对中国与共建"一带一路"国家合作申请的发明专利和实用新型专利所对应的一个或多个 4 位数的 IPC 分类号进行统计，共涵盖 408个 IPC 小类，所有 IPC 小类的总频次为 16 652。其中，来自 A 部（人类生活必需）的 IPC 小类有 65 个，A 部 IPC 小类占全部 IPC 小类的比重为20.29%；来自 B 部（作业、运输）的 IPC 小类有 90 个，B 部 IPC 小类占全部 IPC 小类的比重为 6.80%；来自 C 部（化学、冶金）的 IPC 小类有 64个，C 部 IPC 小类占全部 IPC 小类的比重为 15.65%；来自 D 部（纺织、造纸）的 IPC 小类有 15 个，D 部 IPC 小类占全部 IPC 小类的比重为0.58%；来自 E 部（固定建筑物）的 IPC 小类有 16 个，E 部 IPC 小类占全部 IPC 小类的比重为 0.63%；来自 F 部（机械工程、照明、加热、武器、

爆破）的 IPC 小类有 51 个，F 部 IPC 小类占全部 IPC 小类的比重为2.52%；来自 G 部（物理）的 IPC 小类有 60 个，G 部 IPC 小类占全部 IPC 小类的比重为 18.28%；来自 H 部（电学）的 IPC 小类有 47 个，H 部 IPC 小类占全部 IPC 小类的比重为 35.21%。

IPC 小类排名前 30 位的技术构成如表 1.16 所示。其中，A61K（医用、牙科用或梳妆用的配置品）、G06F（电数字数据处理）和 H04W（无线通信网络）3 个 IPC 小类的出现频次均超过了 1 000。此外，H04R（扬声器、传声器、唱机拾音器或其他声-机电传感器；助听器；扩音系统）、H01L（半导体器件；其他类目中不包括的电固体器件）、H04N（图像通信，如电视）、H04L（数字信息的传输，如电报通信）4 个 IPC 小类的出现频次均超过了 500。中国与共建"一带一路"国家合作专利排名前 30 位的 IPC 小类中，有 5 个属于 A 部、2 个属于 B 部、7 个属于 C 部、7 个属于 G 部、9 个属于 H 部。

表 5.16 中国与共建"一带一路"国家合作专利排名前 30 的 IPC 小类

IPC 小类	IPC 小类频数	IPC 小类频率/%	IPC 小类	IPC 小类频数	IPC 小类频率/%
A61K	1 413	8.49	G01N	218	1.31
G06F	1 115	6.70	A61B	194	1.17
H04W	1 059	6.36	G02B	168	1.01
H04R	878	5.27	G06K	162	0.97
H01L	863	5.18	G06N	159	0.95
H04N	761	4.57	H01Q	150	0.90
H04L	583	3.50	C07C	148	0.89
A61P	412	2.47	B32B	147	0.88
C07D	389	2.34	H01R	146	0.88
A61Q	254	1.53	G06T	132	0.79
C12N	248	1.49	C08L	131	0.79
A23L	234	1.41	C07K	130	0.78
G06Q	233	1.40	C08K	128	0.77
H04B	231	1.39	C11D	126	0.76
H02K	225	1.35	B01J	117	0.70

外观设计专利适用洛迦诺分类。洛迦诺分类采用两级结构，由大类和小类组成。对中国与共建"一带一路"国家合作申请的外观设计专利所对应的一个或多个洛迦诺分类号进行统计，共涵盖40个洛迦诺小类，所有洛迦诺小类的总频次为128，具体结果如表5.17所示。其中，23-08（其他大类或小类中未包括的其他卫生设施和附件）、13-03（配电和控制设备，如导线、开关装置等）、01-01（烘制食品、饼干、发面点心、通心粉等）、02-02（内衣、女内衣、妇女紧身胸衣等）4个洛迦诺小类的出现频次较高，占洛迦诺小类总数的比重为39.84%。其次是14-03（通信设备，如电报、电话、电传机、电视机和收音机）、14-02（情报的记录、复制和检索设备）、26-05（蜡烛和烛台），占洛迦诺小类总数的比重均超过了4%。

表5.17　中国与共建"一带一路"国家外观设计专利的洛迦诺小类

洛迦诺小类	洛迦诺小类频数	洛迦诺小类频率/%	洛迦诺小类	洛迦诺小类频数	洛迦诺小类频率/%
23-08	16	12.50	15-05	2	1.56
13-03	13	10.16	09-01	2	1.56
01-01	12	9.38	03-01	2	1.56
02-02	10	7.81	21-01	1	0.78
14-03	8	6.25	28-03	1	0.78
14-02	6	4.69	10-02	1	0.78
26-05	6	4.69	24-02	1	0.78
13-02	4	3.13	18-02	1	0.78
06-01	4	3.13	10-01	1	0.78
08-09	3	2.34	06-02	1	0.78
24-01	3	2.34	19-06	1	0.78
10-04	3	2.34	10-07	1	0.78
09-03	3	2.34	16-06	1	0.78
26-02	2	1.56	14-01	1	0.78
26-03	2	1.56	21-03	1	0.78
12-06	2	1.56	12-14	1	0.78
09-05	2	1.56	12-08	1	0.78

洛迦诺小类	洛迦诺小类频数	洛迦诺小类频率/%	洛迦诺小类	洛迦诺小类频数	洛迦诺小类频率/%
24-04	2	1.56	05-06	1	0.78
10-05	2	1.56	09-07	1	0.78
04-02	2	1.56	19-08	1	0.78

表 5.18 列示了中国与共建"一带一路"国家合作专利对应的一个或多个学科的分布情况。中国与共建"一带一路"国家的合作专利共涵盖了35 个学科，所有学科分类的总频次为 18 998。可以看出，合作专利主要集中于学科 A030201：工程电气电子科学与技术｜技术｜工程（占比为24.75%）、A120101：仪器仪表科技｜科技｜仪器仪表（占比为 16.50%）、A050101：计算机科学硬件体系结构科学与技术｜技术｜计算机科学（占比为 11.14%）和 A020101：电信科技｜科技｜电信（占比为 10.53%），该 4 个学科的占比高达 62.91%。在 C050102：化学应用科学与技术｜物理科学｜化学、C030101：高分子科学与技术｜物理科学｜高分子科学等学科领域的合作专利也较为频繁。

表 5.18　中国与共建"一带一路"国家合作专利对应的学科分布

学科	学科频数	学科频率/%
A030201：工程电气电子科学与技术｜技术｜工程	4 702	24.75
A120101：仪器仪表科技｜科技｜仪器仪表	3 134	16.50
A050101：计算机科学硬件体系结构科学与技术｜技术｜计算机科学	2 116	11.14
A020101：电信科技｜科技｜电信	2 001	10.53
C050102：化学应用科学与技术｜物理科学｜化学	1 595	8.40
C030101：高分子科学与技术｜物理科学｜高分子科学	961	5.06
B060101：药理学药学科学与技术｜生命科学与生物医学｜药理学与药学	624	3.28
C020101：电化学科学与技术｜物理科学｜电化学	480	2.53
A090101：能源与燃料科技｜科技｜能源与燃料	440	2.32
A030501：工程机械科学与技术｜技术｜工程	410	2.16

表5.18(续)

学科	学科频数	学科频率/%
B040101：生物技术应用微生物科学与技术｜生命科学与生物医学｜生物技术与应用微生物学	370	1.95
A010401：材料科学多学科科学与技术｜技术｜材料科学	368	1.94
A030701：工程多学科科学技术｜技术｜工程	219	1.15
B030101：医学综合内科科学与技术｜生命科学与生物医学｜综合内科	209	1.10
B020101：农业多学科科技｜生命科学与生物医学｜农业	146	0.77
A070101：交通科技｜科技｜交通	146	0.77
B050101：食品科学与技术｜生命科学与生物医学｜食品科学与技术	136	0.72
A010101：材料科学纺织科学与技术｜材料科学	129	0.68
A130101：成像科学与摄影技术｜科技｜成像科学与摄影技术	129	0.68
C040101：光学科学与技术｜物理学｜光学	116	0.61
A030401：工程化学科学与技术｜技术｜工程	104	0.55
A110101：冶金冶金工程科学与技术｜技术｜冶金冶金工程	96	0.51
A030601：工程石油科学技术｜技术｜工程	74	0.39
A140101：自动化控制系统科技｜科技｜自动化控制系统	55	0.29
A060101：建筑建筑科技｜科技｜建筑建筑科技	52	0.27
A010201：材料科学涂料薄膜科学与技术｜技术｜材料科学	47	0.25
C060101：水资源科技｜自然科学｜水资源	30	0.16
C010101：采矿与选矿科学与技术｜自然科学｜采矿与选矿	21	0.11
A100101：仪器仪表科学与技术｜技术｜声学	19	0.10
D020101：音乐、艺术与人文	19	0.10
D020102：	19	0.10
A010301：材料科学纸业木材科学与技术｜技术｜材料科学	12	0.06
A040101：核科学技术科技｜科技｜核科学技术	9	0.05
B070101：体育科学与技术｜生命科学与生物医学｜体育科学	8	0.04
A030301：工程航天科学与技术｜技术｜工程	2	0.01

《国民经济行业分类》规定了全社会经济活动的分类与代码，将国民经济行业划分为门类、大类、中类和小类四级。门类代码用一位拉丁字母表示；大类代码用两位阿拉伯数字表示；中类代码用三位阿拉伯数字表示；小类代码则用四位阿拉伯数字表示。A——农、林、牧、渔业；B——采矿业；C——制造业；D——电力、热力、燃气及水生产和供应业；E——建筑业；F——批发和零售业；G——交通运输、仓储和邮政业；H——住宿和餐饮业；I——信息传输、软件和信息技术服务业；J——金融业；K——房地产业；L——租赁和商务服务业；M——科学研究和技术服务业；N——水利、环境和公共设施管理业；O——居民服务、修理和其他服务业；P——教育；Q——卫生和社会工作；R——文化、体育和娱乐业；S——公共管理、社会保障和社会组织；T——国际组织。

将中国与共建"一带一路"国家合作专利所对应的一个或多个国民经济大类进行统计，结果见表5.19。中国与共建"一带一路"国家的合作专利在国民经济分类中分布于A、B、C、D、E、I和O 7个门类和54个大类，国民经济大类总频次为64136。可以看出，合作专利主要集中于C门类，排名前10位的大类分别是：C39（计算机、通信和其他电子设备制造业，占比为19.86%）、I64（互联网和相关服务，占比为14.29%）、C40（仪器仪表制造业，占比为8.42%）、C43（金属制品、机械和设备修理业，占比为8.11%）、O81（机动车、电子产品和日用产品修理业，占比为7.33%）、I65（软件和信息技术服务业，占比为7.29%）、C26（化学原料和化学制品制造业，占比为5.58%）、C35（专用设备制造业，占比为5.32%）、C38（电器机械和器材制造业，占比为3.70%）和C27（医药制造业，占比为3.20%），占国民经济大类的比重高达83.09%。

表5.19　中国与共建"一带一路"国家合作专利的国民经济大类分布

行业大类	行业大类频数	行业大类频率/%	行业大类	行业大类频数	行业大类频率/%
C39	12 740	19.86	C24	120	0.19
I64	9 164	14.29	C15	118	0.18
C40	5 401	8.42	C25	104	0.16
C43	5 203	8.11	D46	96	0.15
O81	4 700	7.33	C18	94	0.15

行业大类	行业大类频数	行业大类频率/%	行业大类	行业大类频数	行业大类频率/%
I65	4 675	7.29	C42	94	0.15
C26	3 576	5.58	A03	87	0.14
C35	3 409	5.32	E48	72	0.11
C38	2 370	3.70	C32	60	0.09
C27	2 054	3.20	C21	57	0.09
C30	1 628	2.54	C41	54	0.08
I63	1 607	2.51	B07	32	0.05
C29	1 345	2.10	B09	28	0.04
C34	1 273	1.98	A02	28	0.04
C17	494	0.77	OTH	27	0.04
C14	489	0.76	A05	26	0.04
C33	485	0.76	B12	20	0.03
A01	456	0.71	E47	15	0.02
C37	358	0.56	A04	14	0.02
D44	326	0.51	C31	10	0.02
C13	234	0.36	E49	8	0.01
C28	197	0.31	D45	6	0.01
C22	192	0.30	E50	5	0.01
C20	166	0.26	B08	4	0.01
C19	145	0.23	B06	4	0.01
C23	135	0.21	C16	3	0.00
C36	127	0.20	B10	1	0.00

　　根据战略性新兴产业分类与国际专利分类参照关系表（2021），可以将国际专利分类直接与9大战略性新兴产业分类进行对照。在6 488项中国与共建"一带一路"国家的合作专利中，有4 834项属于新兴产业分类。将合作专利对应的一个或多个新兴产业分类进行统计，结果见表5.20。中国与共建"一带一路"国家的合作专利分布于9大新兴产业和39个新兴

产业分类。其中，新一代信息技术产业占比为45.98%，高端装备制造产业占比为3.65%，新材料产业占比为15.60%，生物产业占比为13.93%，新能源汽车产业占比为1.47%，新能源产业占比为4.42%，节能环保产业占比为4.67%，数字创意产业占比为8.52%、相关服务业占比为1.72%。39个新兴产业分类的总频数为6 394。其中，下一代信息网络产业的占比高达23.40%，排名前10位的新兴产业分类的占比达73.05%。

表5.20　中国与共建"一带一路"国家合作专利的新兴产业分类

新兴产业分类	新兴产业分类频数	新兴产业分类频率/%
1.1（下一代信息网络产业）	1 496	23.40
1.2（电子核心产业）	591	9.24
8.1（数字创意技术设备制造）	418	6.54
4.1（生物医药产业）	400	6.26
3.6（前沿新材料）	361	5.65
1.5（人工智能）	326	5.10
3.4（先进无机非金属材料）	315	4.93
1.4（互联网与云计算、大数据服务）	281	4.39
1.3（新兴软件和新型信息技术服务）	246	3.85
7.1（高效节能产业）	237	3.71
4.2（生物医学工程产业）	235	3.68
2.1（智能制造装备产业）	144	2.25
3.2（先进有色金属材料）	144	2.25
6.5（智能电网产业）	134	2.10
4.3（生物农业及相关产业）	127	1.99
3.3（先进石化工新材料）	118	1.85
8.2（数字文化创意活动）	110	1.72
4.5（其他生物业）	106	1.66
6.3（太阳能产业）	95	1.49
9.1（新技术与创新创业服务）	80	1.25
2.2（航空装备产业）	66	1.03

表5.20(续)

新兴产业分类	新兴产业分类频数	新兴产业分类频率/%
7.2（先进环保产业）	51	0.80
6.2（风能产业）	45	0.70
5.2（新能源汽车装置、配件制造）	43	0.67
5.3（新能源汽车相关设施制造）	36	0.56
3.7（新材料相关服务）	31	0.48
9.2（其他相关服务）	30	0.47
4.4（生物质能产业）	23	0.36
8.4（数字创意与融合服务）	17	0.27
3.5（高性能纤维及制品和复合材料）	17	0.27
3.1（先进钢铁材料）	12	0.19
2.3（卫星及应用产业）	12	0.19
7.3（资源循环利用产业）	11	0.17
2.5（海洋工程装备产业）	9	0.14
5.1（新能源汽车整车制造）	9	0.14
5.4（新能源汽车相关服务）	6	0.09
6.4（生物质能及其他新能源产业）	5	0.08
6.1（核电产业）	4	0.06
2.4（轨道交通装备产业）	3	0.05

5.4 小结

科技论文合作是创新合作研究的常用指标之一。本章利用 Web of Science 核心合集数据库搜集成渝地区与共建"一带一路"国家合作论文数据。

（1）对 13 001 条重庆与共建"一带一路"国家合作论文信息进行统计分析发现：一是在 2008 年前，重庆与共建"一带一路"国家论文合作增长缓慢，在 2008 年后则呈现快速增长趋势，2022 年发文量达 2 089 篇。

二是在区域层面，重庆与东南亚国家和西亚国家开展了较丰富的科技论文合作，合作论文占比分别为 31.22% 和 29.21%，其次是中东欧国家和南亚国家。三是重庆与 61 个共建"一带一路"国家开展了论文合作，其中与新加坡的专利合作关系最为紧密，占比高达 21.23%，合作论文数排名前 5 位的国家的占比为 49.34%。四是重庆与共建"一带一路"国家合作论文的作者数量以 3~7 人为主，占合作论文总数的比重为 54.40%，作者数量超过 10 人的合作论文占比为 24.14%。五是 2009—2012 年，重庆与共建"一带一路"国家合作论文中的零引用论文占比较高，2013—2016 年，合作论文的单篇论文引用量较高。六是在重庆与共建"一带一路"国家合作论文题目中的高频词有 the global burden of disease、disease study、patients、alirocumab、covid-19、prevalence、atrial fibrillation 等医学领域词语。

（2）对 20 197 条四川与共建"一带一路"国家合作论文信息进行统计分析发现：一是在 2008 年前，四川与共建"一带一路"国家论文合作增长缓慢，在 2008 年后则呈现快速增长趋势，2022 年发文量达 3 294 篇。二是在区域层面，四川与西亚国家开展了较丰富的科技论文合作，合作论文占比高达 27.76%，其次是东南亚国家、南亚国家和中东欧国家，占比分别为 21.68%、20.50% 和 17.67%。三是四川与除东帝汶、土库曼斯坦外的 62 个共建"一带一路"国家开展了论文合作。合作论文数排名前 5 位的国家分别为新加坡、巴基斯坦、印度、沙特阿拉伯和俄罗斯，占合作论文总数的比重为 46.85%。四是四川与共建"一带一路"国家合作论文的作者数量超过 10 人的合作论文占比高达 44.20%，作者数量在 3~7 人的合作论文占比为 39.01%。五是 2009—2010 年，四川与共建"一带一路"国家合作论文中的零引用论文占比较高，2012—2016 年以及 2018 年，合作论文的单篇论文引用量较高。六是在四川与共建"一带一路"国家合作论文题目中的高频词有 GET、the global burden of disease、disease study、patients、covid-19、prevalence、BESIII、JET-ILW 等专业词汇。

进一步地，本章从中国整体层面来考察中国与共建"一带一路"国家专利合作态势，对来自 incoPat 专利信息平台的 6 488 条专利信息进行分析，发现：一是中国与共建"一带一路"国家的专利合作在 2000—2020 年呈现波动增长趋势，在 2021 年出现"井喷式"增长，高达 1 210 项。二是中国与东南亚国家、南亚国家、西亚国家、中东欧国家、独联体国家和中亚国家合作专利占比分别为 62.81%、12.41%、11.95%、7.57%、5.24% 和

0.03%。三是中国与共建"一带一路"国家专利合作的空间不均衡特征显著，与新加坡的合作专利占比高达 55.27%。四是中国与共建"一带一路"国家合作专利的公开国别并没有以专利申请人国别进行布局，而是集中于世界知识产权局和美国。五是中国与共建"一带一路"国家合作专利的发明人数量以 2~4 人为主。六是发明专利在中国与共建"一带一路"国家合作专利的类型分布中占据绝对主导地位。七是中国与共建"一带一路"国家合作专利共涵盖 408 个 IPC 小类，主要来自 H 部（35.21%）、A 部（20.29%）、G 部（18.28%）和 C 部（15.65%），IPC 小类频率较高的有 A61K、G06F、H04W、H04R、H01L、H04N 和 H04L。八是中国与共建"一带一路"国家合作申请的外观设计专利共涵盖 40 个洛迦诺小类，洛迦诺小类频率较高的有 23-08、13-03、01-01、02-02、14-03、14-02 和 26-05。九是中国与共建"一带一路"国家的合作专利共涵盖了 35 个学科，主要集中于学科 A030201、A120101、A050101 和 A020101。十是中国与共建"一带一路"国家的合作专利主要集中于 C 门类，排名前 10 位的大类分别是 C39、I64、C40、C43、O81、I65、C26、C35、C38 和 C27。十一是在 6 488 项中国与共建"一带一路"国家的合作专利中，有 4 834 项属于新兴产业分类。其中，新一代信息技术产业占比高达 45.98%。

6 成渝地区双城经济圈协同创新网络分析

6.1 联合申请专利

6.1.1 数据说明

联合申请专利是协同创新活动的重要表现形式，本书利用联合申请专利的大样本数据构建成渝地区双城经济圈协同创新网络。根据《成渝地区双城经济圈建设规划纲要》，成渝地区双城经济圈规划范围包括重庆市的中心城区及万州、涪陵、綦江、大足、黔江、长寿、江津、合川、永川、南川、璧山、铜梁、潼南、荣昌、梁平、丰都、垫江、忠县等 27 个区（县）以及开州、云阳的部分地区，四川省的成都、自贡、泸州、德阳、绵阳（除平武县、北川县）、遂宁、内江、乐山、南充、眉山、宜宾、广安、达州（除万源市）、雅安（除天全县、宝兴县）、资阳等 15 个市。其中，重庆中心城区范围包括渝中区、渝北区、江北区、九龙坡区、南岸区、北碚区、巴南区、大渡口区和沙坪坝区。

通过中国国家知识产权局提供的专利检索平台对成渝地区双城经济圈联合申请专利数据进行检索下载，分别以成渝地区双城经济圈中重庆 29 个区（县）和四川 15 个市为申请地址，检索联合申请发明专利和实用新型专利。考虑到我国专利从申请到公开一般需要 2 年左右，为确保数据的完整性，本书将研究区间设置为 2010—2020 年，对申请人剔除个人主体，仅保留机构主体，且每个专利至少有 2 家合作机构，最终得到成渝地区双城经济圈联合专利数据 37 504 条。

图 6.1 反映了 2010—2020 年成渝地区双城经济圈联合申请专利情况。总体来看，成渝地区双城经济圈协同创新发展良好，合作专利数量由 2010 年的 680 件上升至 2020 年的 8 148 件，增长了 10.98 倍。但专利增长率存在明显的波动，2011 年联合申请专利增长率高达 68.09%，而 2014 年却为 -9.49% 的负增长，2016 年其增长率也仅为 7.67%。

图 6.1　2010—2020 年成渝地区双城经济圈联合申请专利情况

6.1.2　地区分布

表 6.1 反映了 2010—2020 年成渝地区双城经济圈联合申请专利的地区分布情况。可以看出，联合申请专利的地区主要集中于成都和重庆，两地占比从 2010 年的 75.59% 上升至 2020 年的 83.91%。在其他地区中，宜宾和绵阳具有相对较高的联合申请专利量，资阳、遂宁、广安等地的协同创新参与度则较低。这反映出成渝地区双城经济圈协同创新网络表现出明显的中心—外围特征。

表 6.1　2010—2020 年成渝地区双城经济圈联合申请专利的地区分布情况

单位：件

地区	2010年	2011年	2012年	2013年	2014年	2015年	2016年	2017年	2018年	2019年	2020年
重庆	225	379	588	579	631	809	947	1 462	2 047	2 602	3 145
成都	289	521	688	649	784	1 109	1 235	1 796	2 522	3 384	3 692

地区	2010年	2011年	2012年	2013年	2014年	2015年	2016年	2017年	2018年	2019年	2020年
自贡	13	23	37	20	38	25	45	50	43	50	43
泸州	9	11	25	8	13	48	18	24	37	77	114
德阳	19	15	55	33	16	37	45	51	94	131	103
绵阳	15	22	75	101	109	118	136	134	163	293	327
遂宁	0	4	6	1	6	19	14	4	50	12	11
内江	9	13	47	26	4	22	11	8	22	20	38
乐山	2	2	0	5	8	66	36	66	50	32	109
南充	0	9	13	8	12	21	25	41	35	43	33
眉山	3	8	24	6	12	22	24	18	37	76	67
宜宾	84	116	172	608	214	182	184	264	198	310	358
广安	1	3	4	3	2	9	7	13	9	6	22
达州	0	1	37	7	9	19	18	13	9	14	43
雅安	1	5	21	18	9	40	13	12	31	10	34
资阳	10	15	76	2	11	22	7	12	1	3	9

注：考虑到万州、涪陵、綦江等区（县）联合申请专利数量有限，将其与中心城区数据汇总报告为重庆数据。下表同。

6.1.3 IPC 分布

根据国际专利分类表，对成渝地区双城经济圈联合申请专利按 IPC 分类号进行统计（见图 6.2）。IPC 分类包含 8 个大部：A——人类生活必需，B——作业、运输，C——化学、冶金，D——纺织、造纸，E——固定建筑物，F——机械工程、照明、加热、武器、爆破，G——物理，H——电学。其中，G 部联合申请专利数量最高，其占比从 2010 年的 15.44% 上升至 2020 年的 26.85%。B 部联合申请专利量在 2010—2020 年不断增长，但其占比有所减少，从 22.21% 下降至 19.53%。2010—2020 年，E 部联合申请专利占比由 11.91% 上升至 14.13%，H 部联合申请专利占比由 15.15% 下降至 12.26%，C 部联合申请专利占比由 12.79% 下降至 11.08%。A 部和 F 部联合申请专利数量大致相当。D 部联合申请专利量增长缓慢，其占比由 2010 年的 8.38% 下降至 2020 年的 1.07%。

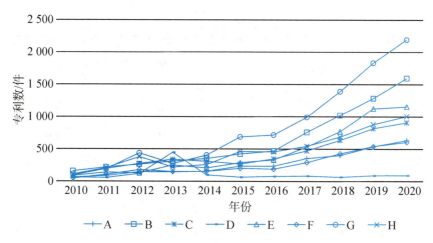

图 6.2　2010—2020 年成渝地区双城经济圈联合申请专利的 IPC 分布

进一步地，表 6.2 报告了 2010—2020 年成渝地区双城经济圈联合申请专利排名前 15 位的大类情况。可以看出，成渝地区双城经济圈联合申请专利主要集中在 G01（测量；测试）、G06（计算；推算或计数）领域。E 部的 E21（土层或岩石钻井；采矿）、E01（道路、铁路或桥梁的建筑）、E04（建筑物）、E02（水利工程；基础；疏浚），H 部的 H04（电通信技术）、H02（发电、变电或配电）、H01（基本电气元件），A 部的 A01（农业；林业；畜牧业；狩猎；诱捕；捕鱼）、A61（医学或兽医学；卫生学），B 部的 B01（一般的物理或化学的方法或装置）、B65（输送；包装；贮存；搬运薄的或细丝状材料），F 部的 F16（工程元件或部件；为产生和保持机器或设备的有效运行的一般措施；一般绝热），以及 C 部的 C02（水、废水、污水或污泥的处理）等大类也具有较大的联合申请专利量。

表 6.2　2010—2020 年成渝地区双城经济圈联合申请专利排名前 15 位的大类情况

单位：件

类别	2010年	2011年	2012年	2013年	2014年	2015年	2016年	2017年	2018年	2019年	2020年
G01	63	107	260	160	195	333	384	488	670	801	949
G06	20	31	60	62	86	132	187	281	444	652	833
E21	21	32	31	63	50	68	107	150	336	464	353
H04	23	38	65	74	51	96	125	198	224	307	351

表6.2(续)

类别	2010年	2011年	2012年	2013年	2014年	2015年	2016年	2017年	2018年	2019年	2020年
E01	31	45	27	97	53	65	69	123	148	232	307
H02	56	76	185	70	86	213	146	142	190	167	279
H01	22	72	87	46	91	115	155	162	191	303	257
E04	17	34	31	43	36	70	86	133	125	194	256
A01	15	18	37	44	38	90	103	133	151	220	250
B01	17	24	35	78	57	62	75	93	109	165	249
B65	7	29	38	45	63	82	64	98	163	225	238
F16	13	36	43	44	32	46	63	69	118	146	215
A61	29	26	50	68	48	46	54	82	111	172	200
E02	7	13	20	34	42	62	44	91	130	173	182
C02	4	11	20	36	31	24	47	105	102	116	181

6.2 协同创新主体网络

6.2.1 协同创新主体

图6.3反映了2010—2020年成渝地区双城经济圈协同创新主体的变动情况。协同创新主体数量由2010年的384家增长至2020年的2 967家，增长了6.73倍。其中，公司、厂矿等企业主体（I）数量由2010年的270家增长至2020年的2 318家，其占比由70.31%提高至78.13%，处于主导地位；研究所、研究院等科研机构主体（R）由74家上升至459家，其占比则由19.27%下降至15.47%；高校主体（U）由40家上升至190家，其占比则由10.42%下降至6.40%。

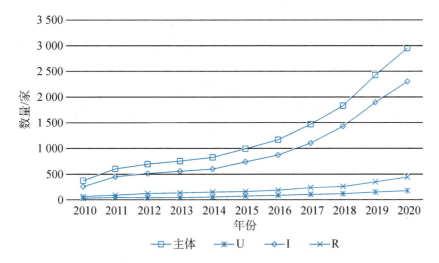

图 6.3 2010—2020 年成渝地区双城经济圈协同创新主体的变动情况

在成渝地区双城经济圈协同创新过程中，主要表现为 2 家机构进行专利合作（见图 6.4）。具体而言，2010—2020 年，申请人为 2 家机构的专利占比由 87.65% 调整为 84.55%，在 2012 年其占比达到最高值 90.10%；申请人为 3 家机构的专利占比由 11.18% 上升至 13.18%，在 2013 年其占比达到最高值 24.72%；申请人为 4 家及以上机构的专利占比由 1.18% 上升至 2.27%，在 2016 年其占比达到最高值 3.22%，但在本书考察的 37 504 件样本专利中，仅 35 件专利有 6 家以上机构为申请人。

图 6.4 2010—2020 年成渝地区双城经济圈协同创新主体数量分布

具体的产学研合作模式情况如图 6.5 所示。其中，I-I 合作模式占比高居首位，在 50%～65% 区间内波动，在 2013 年其占比达到最高值65.16%；其次为 U-I 合作模式，其占比维持在 20% 左右；I-R 合作模式占比在 2012 年达到最高值 24.09% 后呈现出下降趋势，在 2020 年低于 10%；U-R 合作模式占比则总体呈现上升趋势，从 2010 年的 4% 增加至 2020 年的 8%；U-U、R-R 和 U-I-R 合作模式专利数量虽然逐年增长，但其占比仍然较低。

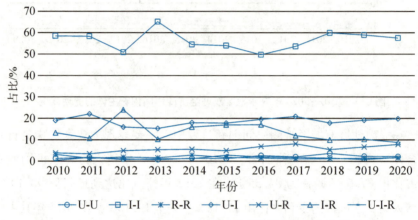

图 6.5　2010—2020 年成渝地区双城经济圈协同创新的主体模式分布

6.2.2　网络整体结构

协同创新网络是各创新主体组成的协同群体，但目前针对创新主体关系，即协同创新主体网络的研究尚未得到足够重视。为更充分地展现协同创新的特征，本书基于成渝地区双城经济圈大样本联合专利申请数据，从创新主体关系视角对协同创新主体网络展开讨论。采用社会网络分析，将创新主体视为行动者，即网络中的节点，联合申请专利视为关系，即网络中的边，从整体结构和节点特征两个方面来考察成渝地区双城经济圈协同创新主体网络。

表 6.3 报告了 2010—2020 年成渝地区双城经济圈协同创新主体网络特征。从表 6.3 中可以看出，成渝地区双城经济圈协同创新主体网络规模逐年扩大，网络规模增长率自 2017 年以来持续维持在 20% 以上，产学研协同创新日益被行为主体们重视，网络中出现大量新增主体，积极参与协同创新。随着网络规模扩大，网络密度呈现出下降趋势。虽然网络整体联系

较为松散，但平均度数从 2010 年的 1.67 上升至 2020 年的 2.20，表明网络互联互通程度有所提升。网络平均最短路径长度为 4.5，也就是说网络中任意两个创新主体之间平均只需要通过 4 个中间人就可以建立联系，具有较好的易达性。平均聚类系数为 0.6，成渝地区双城经济圈协同创新网络同时具有相对较短的平均路径长度与较高的集聚系数，呈现出小世界网络特征。

表 6.3　2010—2020 年成渝地区双城经济圈协同创新主体网络特征

年份	节点数	留存节点	新增节点	网络密度	平均度数	平均最短路径	平均聚类系数
2010	384	—	—	0.004 4	1.671 9	4.343 0	0.537 1
2011	613	155	458	0.002 9	1.745 5	4.596 6	0.577 4
2012	706	212	494	0.002 5	1.750 7	4.083 6	0.561 9
2013	766	238	528	0.002 3	1.783 3	4.389 0	0.611 2
2014	837	271	566	0.002 2	1.859 0	4.224 5	0.603 0
2015	1 004	313	691	0.002 0	1.998 0	4.343 3	0.619 0
2016	1 180	371	809	0.001 7	1.984 7	4.992 0	0.634 9
2017	1 482	445	1 037	0.001 3	1.974 4	4.876 5	0.608 6
2018	1 845	606	1 239	0.001 1	2.016 3	4.550 9	0.593 4
2019	2 440	804	1 636	0.000 9	2.204 1	4.562 5	0.636 0
2020	2 967	1 084	1 883	0.000 7	2.200 2	4.578 3	0.647 2

　　图 6.6 至图 6.8 对成渝地区双城经济圈协同创新主体网络进行了可视化展示，更直观地反映了网络规模扩大。

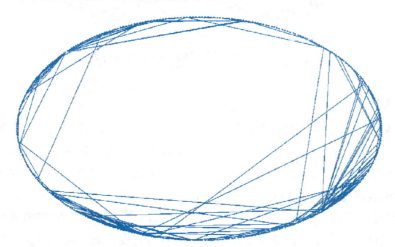

图 6.6　2010 年成渝地区双城经济圈协同创新主体网络可视化

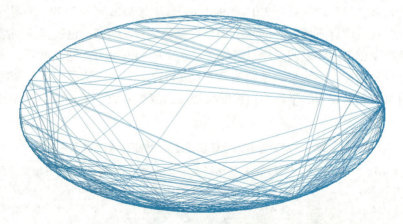

图 6.7   2015 年成渝地区双城经济圈协同创新主体网络可视化

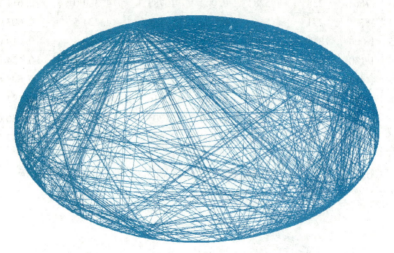

图 6.8   2020 年成渝地区双城经济圈协同创新主体网络可视化

6.2.3　网络节点特征

采用节点度和节点强度来考察成渝地区双城经济圈协同创新主体网络的节点特征。在协同创新主体网络中，高节点度意味着该创新主体处于网络的中心位置，与较多的主体形成了协同创新关系；高节点强度意味着该主体的合作专利数量在网络中的比重较大，进而说明该主体对整个网络具有较强的控制力。图 6.9 和图 6.10 报告了 2010 年、2015 年和 2020 年协同创新主体网络中各主体节点度和节点强度的核密度分布。可以看出，节点度和节点强度的核密度估计图均呈现右偏分布，说明绝大多数创新主体的协同创新伙伴关系的数量较少，合作专利数量有限。此外，核密度估计图表现出明显的长尾特征，这反映了网络节点的异质性特征，网络中创新主体数目众多，且其协同创新行为存在差异，少数主体的协同创新伙伴较多，协同创新强度较高。随着时间的推移，核密度峰度值有所上升，说明节点度、节点强度很小的创新主体数目在不断增加，这很可能是越来越多的主体追求协同创新、网络规模不断扩大的结果。

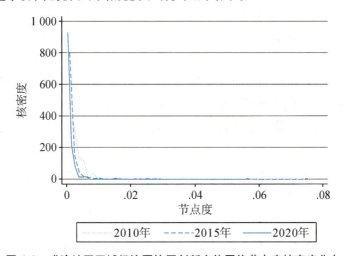

图 6.9　成渝地区双城经济圈协同创新主体网络节点度核密度分布

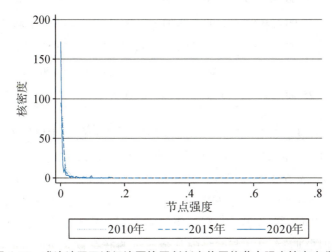

图 6.10　成渝地区双城经济圈协同创新主体网络节点强度核密度分布

表 6.4 汇报了 2010 年、2015 年和 2020 年协同创新主体网络中节点度排名前 10 位、前 20 位、前 30 位、前 40 位、前 50 位的创新主体分布占比

情况。可以看出，相比于企业与科研机构，高校更容易与其他主体建立多元化的协同创新关系，具有更高的节点度值。2010—2020年，在节点度指标排名前10位的创新主体中，高校占比超过了50%。这反映了成渝地区双城经济圈的高校主导型协同创新模式，重庆大学、四川大学等高校进行广泛的创新合作，占据了协同创新网络的中心位置。随着时间的推移，在不同等级分区下，高校主体占比均有所提升。2020年，高校在节点度排名前10位的创新主体中所占的比重达到了90%。这表明，近年来，高校在产学研协同创新网络中的"桥梁"作用得到了更充分的发挥。2010—2020年，成渝地区双城经济圈协同创新主体网络中企业主体占比超过了70%，而在网络节点度指标的不同等级分区下，企业主体占比则相对较小。这是因为，考虑到信息泄露等风险，企业在参与跨组织研发合作时会更为谨慎，倾向于选择与信任度较高的关联伙伴开展合作，建立的协同创新关系相对集中。

表6.4 网络节点度指标不同等级分区下创新主体分布占比情况

单位:%

排名	高校			企业			科研机构		
	2010年	2015年	2020年	2010年	2015年	2020年	2010年	2015年	2020年
前10位	50.00	60.00	90.00	50.00	20.00	10.00	0.00	20.00	0.00
前20位	45.00	60.00	70.00	40.00	20.00	20.00	15.00	20.00	10.00
前30位	30.00	46.67	60.00	33.33	30.00	26.67	36.67	23.33	13.33
前40位	27.50	42.50	50.00	40.00	32.50	35.00	32.50	25.00	15.00
前50位	26.00	36.00	46.00	46.00	40.00	38.00	28.00	24.00	16.00

表6.5汇报了2010年、2015年和2020年协同创新主体网络中节点强度排名前10位、前20位、前30位、前40位、前50位的创新主体分布占比情况。结合表6.4可以发现，在不同等级分区下，相比于节点度排名，高校主体在节点强度排名中的占比大幅下降，而企业主体占比大幅上升。考虑到关系强度，企业仍是专利合作的主力军。相比于协同创新广度，企业更强调协同创新深度，与网络中其余成员的联系较为松散，但与合作伙伴互动频次较高，联系强度较深，形成有效的深度知识共享惯例，拥有较多的联合专利量。

表 6.5 网络节点强度指标不同等级分区下创新主体分布占比情况

单位:%

排名	高校			企业			科研机构		
	2010年	2015年	2020年	2010年	2015年	2020年	2010年	2015年	2020年
前 10 位	10.00	40.00	40.00	70.00	40.00	60.00	20.00	20.00	0.00
前 20 位	20.00	20.00	35.00	65.00	70.00	60.00	15.00	10.00	5.00
前 30 位	20.00	20.00	26.67	66.67	70.00	63.33	13.33	10.00	10.00
前 40 位	15.00	15.00	27.50	75.00	75.00	65.00	10.00	10.00	7.50
前 50 位	12.00	16.00	28.00	76.00	72.00	64.00	12.00	12.00	8.00

本书进一步测算了网络中各创新主体的节点度与节点强度的相关度,结果见图 6.11。2012 年、2015—2020 年,各期网络节点度与节点强度的相关度均超过了 0.60,这说明具有高节点度的主体往往表现出高水平的关系强度,低节点度的主体往往表现出低水平的关系强度,存在强关系-稠密、弱关系-稀疏等子网络。但在 2010—2011 年、2013—2014 年,网络节点度与节点强度的相关度均低于 0.60,在 2013 年仅为 0.25,这表明创新主体在协同创新行为上存在不同策略。部分主体强调研发合作伙伴的多样性,拓宽协同创新广度,部分主体追求一体化的深度协作,提升协同创新深度,存在弱关系-稠密、强关系-稀疏等子网络。

图 6.11 节点度与节点强度的相关度

协同创新主体网络的节点在各期均有所增减，通过以孤立节点的方式纳入网络可以使不同期的网络具有相同节点，因而可以进一步来考察网络的演化特征。本书测算了当期网络节点与上一期网络节点的节点度相关度与节点强度相关度。图 6.11 显示，当期节点度与上一期节点度的自相关程度呈现出上升趋势。这反映了成渝地区双城经济圈协同创新主体网络的韧性，大多数主体的协同创新并非偶发行为，而是具有连续性。协同创新主体网络维持着较强的自稳定性，其演化是一个渐变的过程。当期节点强度与上一期节点强度的相关度指数的波动性特征明显，这与创新产出的周期性波动有关。

6.3 协同创新主体所在地区网络

6.3.1 协同创新主体所在地区

表 6.6 报告了 2010—2020 年成渝地区双城经济圈协同创新主体所在地区分布情况。可以看出，成渝地区双城经济圈所在地区的企业、高校和科研机构积极参与协同创新，协同创新主体数量从 2010 年的 264 家增长至 2020 年的 1 884 家，但其占本书创新主体样本总量的比重从 68.75% 下降至 63.50%。这表明，近年来，越来越多的创新主体在与成渝地区双城经济圈区域外的主体开展协同创新，开放度不断提高。

在成渝地区双城经济圈内部，协同创新主体集中于成都、重庆两地，成都、重庆协同创新主体数量分别从 2010 年的 115 家和 76 家增长至 2020 年的 971 家和 514 家，其中成都占比从 43.56% 上升至 51.54%，重庆占比则从 28.79% 下降至 27.28%。其他地区中，绵阳、德阳和宜宾等地的协同创新参与度相对较高。

表 6.6 2010—2020 年成渝地区双城经济圈协同创新主体所在地区分布情况

单位：家

地区	2010年	2011年	2012年	2013年	2014年	2015年	2016年	2017年	2018年	2019年	2020年
重庆	76	131	147	155	161	173	207	248	335	423	514
成都	115	174	222	236	266	306	375	488	615	806	971
自贡	9	17	11	10	14	13	15	19	14	24	23
泸州	7	5	10	8	9	19	9	16	18	25	33
德阳	18	17	23	23	18	18	26	31	42	51	52
绵阳	15	19	23	34	45	32	48	58	62	79	88
遂宁	1	2	9	3	6	13	12	5	6	16	17
内江	2	4	3	5	3	10	5	7	10	15	21
乐山	1	2	3	9	8	6	13	16	15	17	19
南充	0	5	7	5	9	9	9	12	20	21	16
眉山	4	3	3	5	10	11	12	13	15	27	28
宜宾	10	17	16	20	17	24	24	21	19	41	48
广安	3	5	4	2	2	2	2	5	2	12	14
达州	0	1	3	1	4	4	2	15	7	14	24
雅安	1	2	5	6	6	7	8	7	14	12	11
资阳	2	1	5	3	4	4	2	3	5	5	5
成渝	264	405	494	525	582	651	775	964	1 201	1 588	1 884
网络	384	613	706	766	837	1 004	1 180	1 482	1 845	2 440	2 967

注：表中"成渝"对应成渝地区双城经济圈汇总数据，"网络"对应本书考察的样本汇总数据。下表同。

相比于本书考察的全部样本数据，成渝地区双城经济圈协同创新主体具有更高的企业主体占比（见表 6.7）。2010—2020 年，成渝地区双城经济圈协同创新企业主体数量从 201 家上升至 1 512 家，占比从 76.14% 提升至 80.25%。在成都、重庆等地，企业仍是协同创新的主力军，企业主体数量占当地全部协同创新主体数量的比重分别从 2010 年的 68.70% 和 77.63% 上升至 2020 年的 84.35% 和 78.40%，成都协同创新企业主体增长显著。

表 6.7　2010—2020 年成渝地区双城经济圈协同创新企业主体占比情况

单位:%

地区	2010年	2011年	2012年	2013年	2014年	2015年	2016年	2017年	2018年	2019年	2020年
重庆	77.63	72.52	72.79	72.26	69.57	72.83	68.60	76.21	74.03	77.54	78.40
成都	68.70	77.59	72.52	75.42	74.06	79.74	76.27	79.30	81.30	83.87	84.35
自贡	88.89	94.12	81.82	80.00	85.71	69.23	93.33	84.21	78.57	87.50	60.87
泸州	85.71	80.00	70.00	100.00	88.89	73.68	66.67	62.50	83.33	76.00	57.58
德阳	83.33	76.47	82.61	86.96	72.22	94.44	84.62	74.19	80.95	78.43	73.08
绵阳	80.00	78.95	65.22	58.82	64.44	62.50	64.58	74.14	72.58	67.09	65.91
遂宁	100.00	100.00	100.00	100.00	100.00	84.62	100.00	100.00	100.00	87.50	88.24
内江	100.00	75.00	66.67	100.00	100.00	90.00	100.00	57.14	80.00	73.33	76.19
乐山	100.00	100.00	100.00	44.44	75.00	66.67	84.62	62.50	80.00	76.47	63.16
南充	—	80.00	71.43	80.00	77.78	77.78	88.89	75.00	60.00	61.90	75.00
眉山	100.00	100.00	100.00	100.00	90.00	90.91	100.00	84.62	93.33	88.89	92.86
宜宾	90.00	88.24	93.75	95.00	94.12	91.67	95.83	85.71	89.47	80.49	87.50
广安	100.00	80.00	75.00	100.00	100.00	100.00	100.00	100.00	100.00	83.33	64.29
达州	—	100.00	66.67	0.00	75.00	25.00	62.50	60.00	57.14	57.14	75.00
雅安	100.00	50.00	80.00	100.00	66.67	57.14	62.50	42.86	64.29	66.67	81.82
资阳	50.00	100.00	80.00	100.00	75.00	50.00	50.00	66.67	60.00	60.00	40.00
成渝	76.14	77.53	74.49	74.86	73.88	77.11	75.48	77.18	78.43	80.23	80.25
网络	70.31	75.04	74.08	74.28	73.00	74.80	74.92	75.30	78.16	78.36	78.13

6.3.2　网络整体结构

采用社会网络分析,将创新主体所在地区视为行动者(网络中的节点)、联合申请专利视为关系(网络中的边),从整体结构和节点特征两个方面来考察成渝地区双城经济圈协同创新主体所在地区网络。由于协同创新主体所在地区网络的节点在各期有所增减,通过以孤立节点的方式纳入网络可以使不同期的网络具有相同节点,因而可以进一步来考察网络的演化特征。2010—2020 年,成渝地区双城经济圈协同创新主体所在地区网络各期节点数均为 47，包括重庆、成都、自贡、泸州、德阳、绵阳、遂宁、内江、乐山、南充、眉山、宜宾、广安、达州、雅安、资阳等成渝地区双城经济圈 16 个城市，攀枝花市、广元市、巴中市、阿坝藏族羌族自治州、甘孜藏族自治州、凉山彝族自治州等地的四川其他区域，北京、天津、河北、辽宁、山东、上海、江苏、浙江、福建、广东、海南、山西、吉林、黑龙江、安徽、江西、河南、湖北、湖南、内蒙古、贵州、云南、广西、西藏、陕西、甘肃、青海、宁夏、新疆 29 个省（自治区、直辖市）。

表 6.8 报告了 2010—2020 年成渝地区双城经济圈协同创新主体所在地区网络特征。网络密度从约 0.06 提升至约 0.25，网络结构紧凑性不断提升。平均度数从约 2.94 提升至约 11.49，网络互联互通程度不断提升。自 2012 年以来，平均最短路径长度降至约 2，网络具有较好的易达性。平均聚类系数约为 0.7，成渝地区双城经济圈协同创新主体所在地区网络同时具有较短的平均路径长度与较高的集聚系数，呈现出小世界网络特征。

表 6.8 2010—2020 年成渝地区双城经济圈协同创新主体所在地区网络特征

年份	网络密度	平均度数	平均最短路径	平均聚类系数
2010	0.063 8	2.936 2	2.130 2	0.557 0
2011	0.091 6	4.212 8	2.066 2	0.693 7
2012	0.097 1	4.468 1	1.983 4	0.733 3
2013	0.101 8	4.680 9	1.995 8	0.736 8
2014	0.115 6	5.319 1	1.981 0	0.710 3
2015	0.148 9	6.851 1	1.920 7	0.703 5
2016	0.141 5	6.510 6	1.863 8	0.721 7
2017	0.161 0	7.404 3	1.896 4	0.706 9
2018	0.185 9	8.553 2	1.828 0	0.698 8
2019	0.225 7	10.383 0	1.789 1	0.674 1
2020	0.249 8	11.489 4	1.750 2	0.699 0

图 6.12 呈现了 2010 年成渝地区双城经济圈协同创新主体所在地区网络的互联互通情况，图 6.12 中节点大小代表点度中心性强弱。可以看出，2010 年，成渝地区双城经济圈协同创新主体所在地区网络仍较为稀疏，大部分节点的连通性较低，成渝地区的南充、达州，以及成渝区域外的内蒙古、宁夏、安徽、广西、海南、甘肃、福建、西藏和青海均为孤立节点。成都、重庆所在地的创新主体分别与网络中其他 28 个地区、17 个地区的创新主体存在专利合作，处于网络的中心位置。绵阳、德阳，以及区域外的北京、广东也具有相对较高的连通性。

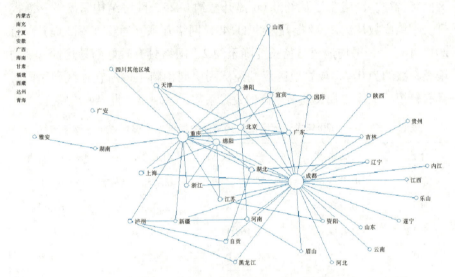

图 6.12　2010 年成渝地区双城经济圈协同创新主体所在地区网络可视化

2015 年，成渝地区双城经济圈协同创新主体所在地区网络的连通性有所增加（见图 6.13）。成渝地区双城经济圈内所有地区均存在参与协同创新的主体，但缺少与内蒙古、海南和贵州创新主体开展的协同创新。区域内的成都、重庆、绵阳以及自贡处于网络的中心位置，具有较好的连通性，且较多地区与区域外的北京、江苏、上海和广东开展了协同创新合作。

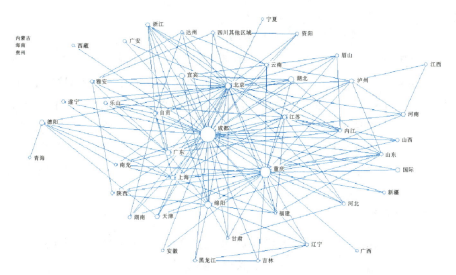

图 6.13 2015 年成渝地区双城经济圈协同创新主体所在地区网络可视化

2020 年，成渝地区双城经济圈协同创新主体所在地区网络的连通性进一步增加（见图 6.14）。成都所在地的创新主体与其他 46 个地区的创新主体均存在专利合作，区域内的重庆、绵阳、德阳、宜宾、雅安和自贡等地具有较好的连通性，较多地区与区域外的北京、广东、江苏、上海、山东和湖北开展了协同创新合作。

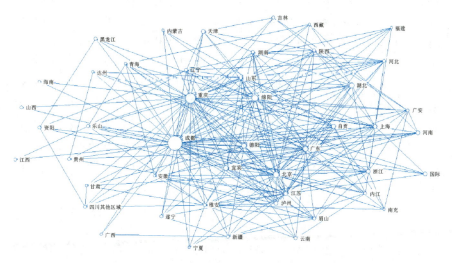

图 6.14 2020 年成渝地区双城经济圈协同创新主体所在地区网络可视化

6.3.3 网络节点特征

采用点度节点度（degree）、中间中心度（between）和接近中心度（closeness）来考察成渝地区双城经济圈协同创新主体所在地区网络的节点特征。表 6.9 报告了 2010—2020 年成渝地区双城经济圈协同创新主体所在地区网络节点点度中心度的测度结果。在协同创新主体所在地区网络中，绝大多数地区的点度中心度呈现较大幅度的增长，跨地区协同创新得到发展。其中，成都和重庆具有高的点度中心度，拥有的协同创新关系较为广泛，处于网络的中心位置。绵阳、德阳、宜宾和雅安也与较多的地区形成了协同创新关系。

表 6.9　2010—2020 年成渝地区双城经济圈协同创新主体所在地区网络节点
点度中心度

地区	2010年	2011年	2012年	2013年	2014年	2015年	2016年	2017年	2018年	2019年	2020年
重庆	0.37	0.52	0.48	0.57	0.57	0.59	0.70	0.59	0.70	0.80	0.89
成都	0.61	0.76	0.80	0.80	0.80	0.87	0.85	0.93	0.96	0.96	1.00
自贡	0.07	0.13	0.13	0.20	0.20	0.20	0.24	0.30	0.24	0.26	0.28
泸州	0.09	0.07	0.11	0.11	0.11	0.17	0.09	0.24	0.26	0.17	0.22
德阳	0.13	0.11	0.15	0.11	0.15	0.15	0.20	0.24	0.33	0.37	0.46
绵阳	0.17	0.20	0.17	0.13	0.24	0.30	0.26	0.46	0.48	0.48	0.52
遂宁	0.02	0.04	0.07	0.04	0.04	0.07	0.11	0.04	0.11	0.17	0.13
内江	0.02	0.04	0.04	0.04	0.07	0.15	0.09	0.02	0.13	0.11	0.17
乐山	0.02	0.04	0.04	0.09	0.04	0.11	0.13	0.11	0.15	0.15	0.20
南充	0.00	0.02	0.04	0.04	0.04	0.13	0.11	0.11	0.15	0.11	0.15
眉山	0.04	0.04	0.04	0.04	0.11	0.04	0.13	0.11	0.17	0.28	0.22
宜宾	0.11	0.13	0.13	0.15	0.13	0.13	0.07	0.15	0.20	0.35	0.39
广安	0.02	0.02	0.04	0.04	0.04	0.04	0.04	0.09	0.11	0.24	0.22
达州	0.00	0.02	0.11	0.02	0.09	0.11	0.07	0.07	0.09	0.11	0.11
雅安	0.02	0.04	0.17	0.04	0.15	0.17	0.22	0.11	0.30	0.37	0.37
资阳	0.04	0.02	0.07	0.07	0.11	0.09	0.09	0.15	0.04	0.07	0.11

图 6.15 报告了 2010 年、2015 年和 2020 年成渝地区双城经济圈协同创新主体所在地区网络中各地区点度中心度的核密度分布。可以看出，核密度估计图呈现右偏分布，表现出明显的长尾特征，说明大部分地区的协同

创新伙伴关系数量较少，少数地区的协同创新伙伴较多。到 2020 年，核密度估计图更为平衡，峰度值有所下降，说明跨地区协同创新在不断推进。

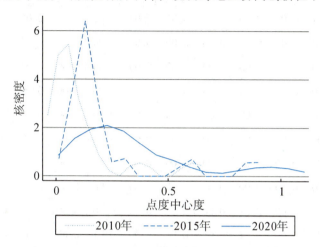

图 6.15　2010 年、2015 年和 2020 年成渝地区双城经济圈协同创新主体所在地区网络中各地区点度中心度核密度分布情况

　　表 6.10 报告了 2010—2020 年成渝地区双城经济圈协同创新主体所在地区网络节点中间中心度的测度结果。中间中心度表示某节点在整个网络中起到的桥梁作用，如果一个节点位于较多其他节点对的最短路径上，则说明该节点的中间中心度较高。直观地理解，中间中心度衡量的是间接的协同创新关系。在成渝地区双城经济圈协同创新主体所在地区网络中，仅成都和重庆具有一定的中间中心度，其他地区的中间中心度则很低甚至为0。这表明，成都与重庆占据资源和信息流通的关键位置，对整个网络具有较强的控制力，而其他地区在网络中没有能力控制或支配其他城市。

表 6.10　2010—2020 年成渝地区双城经济圈协同创新主体所在地区网络节点中间中心度

地区	2010年	2011年	2012年	2013年	2014年	2015年	2016年	2017年	2018年	2019年	2020年
重庆	0.17	0.19	0.14	0.23	0.21	0.14	0.24	0.16	0.14	0.20	0.20
成都	0.39	0.50	0.53	0.54	0.48	0.40	0.31	0.49	0.40	0.33	0.31
自贡	0.00	0.00	0.00	0.02	0.01	0.00	0.01	0.05	0.01	0.00	0.01
泸州	0.01	0.00	0.00	0.00	0.00	0.02	0.00	0.01	0.01	0.00	0.00
德阳	0.02	0.00	0.01	0.01	0.00	0.04	0.00	0.01	0.01	0.02	0.02

表6.10(续)

地区	2010年	2011年	2012年	2013年	2014年	2015年	2016年	2017年	2018年	2019年	2020年
绵阳	0.01	0.08	0.00	0.01	0.01	0.02	0.01	0.06	0.08	0.05	0.03
遂宁	0.00	0.00	0.00	0.00	0.00	0.00	0.00	0.00	0.00	0.00	0.00
内江	0.00	0.00	0.00	0.00	0.00	0.00	0.00	0.00	0.00	0.00	0.00
乐山	0.00	0.00	0.00	0.00	0.00	0.00	0.00	0.00	0.00	0.00	0.00
南充	0.00	0.00	0.00	0.00	0.00	0.00	0.00	0.00	0.00	0.00	0.00
眉山	0.00	0.00	0.00	0.00	0.00	0.00	0.00	0.00	0.00	0.01	0.00
宜宾	0.02	0.00	0.00	0.00	0.00	0.00	0.00	0.00	0.00	0.01	0.02
广安	0.00	0.00	0.00	0.00	0.00	0.00	0.00	0.00	0.00	0.01	0.00
达州	0.00	0.00	0.01	0.00	0.00	0.00	0.00	0.00	0.00	0.00	0.00
雅安	0.00	0.00	0.02	0.01	0.05	0.00	0.01	0.00	0.02	0.02	0.01
资阳	0.00	0.00	0.00	0.00	0.00	0.00	0.00	0.00	0.00	0.00	0.00

图6.16报告了2010年、2015年和2020年成渝地区双城经济圈协同创新主体所在地区网络中各地区中间中心度的核密度分布情况。不同年份,核密度估计图均呈现右偏分布,表现出明显的长尾特征。这说明,随着时间的推移,大多数地区连接较少,只有成都、重庆承担大量连接的网络不平衡性并未得到显著改善。

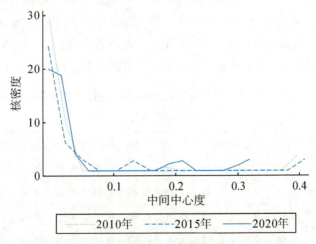

图6.16 2010年、2015年和2020年成渝地区双城经济圈协同创新主体所在地区网络中各地区中间中心度的核密度分布情况

表 6.11 报告了 2010—2020 年成渝地区双城经济圈协同创新主体所在地区网络节点接近中心度情况。接近中心度衡量的是节点与网络中其他节点的距离，一个节点与其他节点的距离越短，则表明其接近中心度越高，与其他节点的关系越密切。在协同创新主体所在地区网络中，各地区的接近中心度呈现较大幅度的增长，网络紧密程度不断提升。相比于其他地区，成都和重庆具有更高的接近中心度，表明成都和重庆属于中心行动者，受个别地区创新活动波动的影响较小。

表 6.11 2010—2020 年成渝地区双城经济圈协同创新主体所在地区网络节点接近中心度

地区	2010年	2011年	2012年	2013年	2014年	2015年	2016年	2017年	2018年	2019年	2020年
重庆	0.43	0.59	0.59	0.64	0.61	0.61	0.68	0.71	0.74	0.84	0.90
成都	0.47	0.69	0.73	0.75	0.72	0.75	0.75	0.94	0.92	0.96	1.00
自贡	0.36	0.46	0.41	0.51	0.48	0.48	0.52	0.59	0.55	0.58	0.58
泸州	0.34	0.45	0.48	0.49	0.46	0.49	0.48	0.56	0.55	0.55	0.56
德阳	0.38	0.46	0.49	0.49	0.48	0.48	0.49	0.57	0.58	0.61	0.65
绵阳	0.39	0.49	0.50	0.50	0.48	0.51	0.52	0.52	0.65	0.66	0.68
遂宁	0.35	0.43	0.46	0.45	0.45	0.46	0.47	0.51	0.49	0.55	0.53
内江	0.35	0.43	0.46	0.46	0.47	0.48	0.48	0.49	0.52	0.52	0.55
乐山	0.35	0.34	0.44	0.48	0.45	0.46	0.47	0.52	0.53	0.53	0.55
南充	0.20	0.43	0.45	0.41	0.45	0.48	0.47	0.51	0.52	0.52	0.54
眉山	0.35	0.43	0.46	0.45	0.45	0.46	0.47	0.51	0.53	0.58	0.56
宜宾	0.38	0.46	0.48	0.51	0.48	0.47	0.47	0.54	0.53	0.61	0.62
广安	0.32	0.43	0.41	0.46	0.45	0.45	0.46	0.51	0.52	0.57	0.56
达州	0.20	0.43	0.48	0.37	0.44	0.46	0.46	0.50	0.51	0.52	0.53
雅安	0.26	0.44	0.50	0.49	0.48	0.47	0.51	0.53	0.58	0.60	0.61
资阳	0.35	0.34	0.46	0.46	0.41	0.46	0.46	0.53	0.49	0.51	0.53

图 6.17 报告了 2010 年、2015 年和 2020 年成渝地区双城经济圈协同创新主体所在地区网络中各地区接近中心度的核密度分布情况。随着时间的推移，核密度估计图整体右移，长尾特征更加明显，说明各地区接近中心度得到提高，但成都、重庆的接近中心度上升得更快。

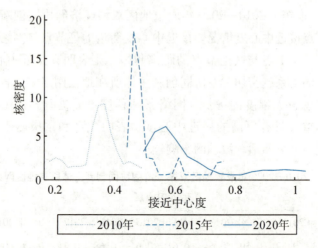

**图 6.17　2010 年、2015 年和 2020 年成渝地区双城经济圈协同创新主体所在地区
网络中各地区接近中心度的核密度分布情况**

6.4　小结

联合申请专利是协同创新活动的重要表现形式。本书利用 2010—2020
年 37 504 条联合申请专利的大样本数据来构建成渝地区双城经济圈协同创
新网络。

（1）对成渝地区双城经济圈联合申请专利情况进行考察发现：一是成
渝地区双城经济圈协同创新发展良好，但联合申请专利增长率波动明显。
二是联合申请专利主要集中于成都和重庆，宜宾和绵阳具有相对较高的联
合申请专利量，资阳、遂宁、广安等地的协同创新参与度则较低，中心-
外围特征突出。三是联合申请专利表现出明显的 IPC 分布差异，其中 G01
（测量；测试）、G06（计算；推算或计数）等大类具有较高的联合申请专
利量。

（2）采用社会网络分析，将创新主体视为行动者、联合申请专利视为
关系，来考察成渝地区双城经济圈协同创新主体网络发现：一是成渝地区
双城经济圈协同创新主体网络规模逐年扩大。在协同创新主体网络中，企
业主体占比始终高于 70%，处于主导地位。在协同创新过程中，主要表现

为2家机构进行专利合作。从具体的产学研合作模式来看，I-I合作模式占比高居首位，其次为U-I合作模式。二是近年来，大量创新主体积极参与协同创新，作为新增节点加入网络，绝大多数创新主体的协同创新伙伴关系数量较少，合作专利数量有限。但网络表现出较好的韧性与自稳定性，其演化是一个渐变的过程。三是协同创新主体网络内部分布不均匀，存在强关系-稠密、弱关系-稀疏、弱关系-稠密、强关系-稀疏等子网络。高校主体占据协同创新网络的中心位置，在网络中发挥重要的桥梁作用。企业是专利合作的主力军，在网络节点中的占比最高，但相比于协同创新广度，企业更强调协同创新深度。

（3）采用社会网络分析，将创新主体所在地区视为行动者、联合申请专利视为关系，来考察成渝地区双城经济圈协同创新主体所在地区网络发现：一是近年来，越来越多的成渝地区双城经济圈所在地的企业、高校和科研机构在与区域外的主体开展协同创新，开放度不断提高。在成渝地区双城经济圈内部，协同创新主体集中于成都、重庆两地，成都协同创新企业主体增长显著。二是协同创新主体所在地区网络的互联互通程度不断提升，同时具有较短的平均路径长度与较高的集聚系数，呈现出小世界网络特征。成都、重庆跨地区协同创新关系最为广泛，其次是绵阳、德阳、宜宾、雅安等地，较多地区与区域外的北京、广东等地开展了协同创新合作。三是协同创新主体所在地区网络表现出明显的中心-外围特征，网络不平衡性并未得到显著改善。成都和重庆具有较高的点度中心度、中间中心度和接近中心度，处于网络的中心位置，对整个网络具有较强的控制力，受个别地区创新活动波动的影响较小。其他地区虽然紧密程度得到提升，但在网络中没有控制能力。

7 成渝地区双城经济圈协同创新主体网络的影响因素研究

7.1 计量模型设定

7.1.1 QAP 方法

在对协同创新主体网络的结构关系做出解释时，传统的统计分析和回归估计方法是无效的，无法检验关系数据之间的关系是否成立。二次指派程序（quadratic assignment procedure，QAP）是社会网络分析中研究关系数据之间关系的特定方法，它以对矩阵数据的置换为基础，给出矩阵之间的相关系数，同时对系数进行非参数检验。QAP 主要包括矩阵相关分析和矩阵回归分析。

QAP 相关分析既可以研究两个关系矩阵之间是否相关，也可以研究一个属性变量与一个关系矩阵之间是否有关。两个关系矩阵之间的 QAP 相关分析主要包括以下三个步骤：一是计算已知的两个 $N×N$ 矩阵构成的长向量之间的相关性系数。把每个矩阵中的所有取值看成一个包含 $n（n-1）$ 个数字的长向量，类似比较任何两个变量之间的相关性那样，计算这两个向量之间的相关系数。二是检验相关系数在统计意义上是否显著。采用重新抽样排列的方法，仅对其中的一个矩阵的行和对应列同时进行随机置换，然后计算置换后的矩阵与另一个矩阵之间的相关系数，保存计算的结果。重复这种计算过程几百次甚至几千次，将得到一个相关系数的分布，从中可以看到这种随机置换后计算出来的几百个或几千个相关系数，大于或等于第一步中计算出来的观察到的相关系数比例。三是比较第一步中计算出来的实际观察到的相关系数与根据随机重新抽样排列计算出来的相关系数的分布，看观察到的相关系数是落入拒绝域还是落入接受域，进而做出判断。也就是说，在假设预设的显著性水平为 0.05 的情况下，如果上述比例低于 0.05，这在统计意义上表明所研究的两个矩阵之间存在强关系，或者说二者之间的相关系数不太可能是随机带来的。如果是属性变量和关系矩阵之间的 QAP 相关分析，则先将属性变量转化为关系矩阵，然后再以分析两个关系矩阵之间关系的方式对其进行 QAP 相关分析。

QAP 回归分析的目的是，研究多个矩阵和一个矩阵之间的回归关系，并且对判定系数 R^2 的显著性进行评价。其具体做法如下：一是针对 $N×N$ 自变量矩阵和 $N×N$ 因变量矩阵对应的长向量元素进行常规多元回归分析。二是对因变量矩阵的各行和各列同时进行随机置换，然后重新计算回归，保存所有的系数值以及判定系数 R^2 值。不断重复随机置换、回归、记录系数值和 R^2 值的过程，形成系数分布。三是观测产生的系数分布，从经过全部可能的随机置换获得的系数大于或等于第一步中计算的系数估计的随机置换次数占比来确定该回归关系及参数的显著性水平。

基于矩阵置换的 QAP 回归分析与常规多元回归分析二者回归方法不同，导致二者对构建模型前提性假设的检验也不同。常规多元回归分析基于最小二乘法估计方法，要求总体模型呈现正态分布，包含了变量不存在严格多重共线性以及扰动项有同方差和无自相关性质的多个假设。而 QAP 回归方法由于研究对象关系本身的共线性性质，采用了矩阵置换的方法，关注各个自变量矩阵对因变量矩阵的影响程度，不关注总体的分布情况，也由于不采用最小二乘法估计方法，所以不存在扰动项，不必有异方差以及自相关方面的检验。需要注意的是，由于研究对象关系缺乏方向性难以在回归前预测，所以 QAP 回归分析的显著性检验为双尾检验，给出两个概率，其中"Proportion As Large，简记 P（ge）"是随机置换获取的系数值以及可决系数值不小于系数观测值与可决系数观测值的随机置换占比，"Proportion As Small，简记 P（le）"是随机置换获取的系数值以及判决系数值不大于系数观测值与可决系数观测值的随机置换占比。相比于单尾检验，双尾检验在拒绝域的设定上更为严格，对显著性的要求更高。

近年来，学者们采用 QAP 回归分析对影响因素进行检验。例如，周文韬等（2020）利用 QAP 回归分析检验世界服务贸易网络的影响因素。马歆等（2021）对中国碳排放结构信息熵进行测算与考察其时空演变的空间关联特征，进而构建 QAP 模型实证检验其影响因素。王小华等（2022）在刻画中国经济高质量发展的关联网络结构特征的基础上，采用 QAP 对经济高质量发展差异的作用机制进行分析。但在对协同创新网络结构做出解释时，既有研究普遍采用负二项回归等传统方法对点层次的数据关系进行检验，对关系数据之间的关系进行的研究仍付之阙如。考虑到传统回归分析在研究关系数据之间关系时的无效，因此，本书采用 QAP 矩阵回归分析对成渝地区双城经济圈协同创新主体网络的影响因素进行回归检验，以期更严谨地揭示协同创新关系的形成机制。

7.1.2 模型构建

本书利用 2010—2020 年成渝地区双城经济圈 37 504 条联合申请专利数据，采用社会网络分析，将创新主体视为行动者、联合申请专利视为关系，构建成渝地区双城经济圈协同创新主体网络。进一步地，借助 QAP 回归分析，考察地理接近性矩阵与创新主体类型矩阵对成渝地区双城经济圈协同创新主体网络的影响。

地理接近性是影响创新合作的重要因素（Laursen 等，2012；夏丽娟等，2017）。一般认为，地理距离会影响知识和信息传递的效率与质量，特别是隐性知识的溢出依赖近距离的切磋与交流（陈光华等，2015）。因此，可以预判，地理距离更近的主体之间更容易形成协同创新关系。

将协同创新主体分为高校（U）、企业（I）与科研机构（R）三种类型，则创新主体类型矩阵存在高校与高校、企业与企业、科研机构与科研机构、高校与企业、高校与科研机构、企业与科研机构六种分类。主体类型模式对协同创新关系的影响具有不确定性。一方面，不同类型主体的目标导向、激励机制、管理模式等存在差异。相比于异质性组织，同质性组织之间的合作可以降低需求表达、供给决策、激励约束方面的交易成本（Goerzen 和 Beamish，2005），从而对协同创新具有积极影响。殷存毅和刘婧玥（2019）指出合作创新的所有制区隔现象，企业在寻找合作伙伴时，倾向于选择"门当户对"。另一方面，基于资源基础观视角，协同创新的一个重要前提是主体间的资源异质性（解学梅和刘丝雨，2015）。不同类型的创新主体进行合作创新更有助于优势互补、资源共享，从而内生出协同效应。此外，同一类型创新主体合作、不同类型创新主体合作内部又存在分类。因此，本书构建如下非参数模型：

$$I_{Binary} = f(Circle, U-U, I-I, R-R, U-R, I-R) \quad (6.1)$$

其中，被解释变量 I_{Binary} 为二值协同创新主体矩阵，若创新主体 i 和主体 j 存在联合申请专利，则该矩阵元素取值为 1，否则取值为 0。解释变量 $Circle$ 为地理接近性矩阵，若创新主体 i 和主体 j 同处于成渝地区双城经济圈，则该矩阵元素取值为 1，否则取值为 0。QAP 分析方法对各自变量独立性没有严格的要求，可以避免传统方法中自变量存在多重共线性而引起的估计失效问题，使结果更加稳健。但为了更清晰地进行对比分析，本书参照宋旭光和赵雨涵（2018）的研究，省略高校-企业矩阵（$U-I$），在模型中控制高校-高校（$U-U$）、企业-企业（$I-I$）、科研机构-科研机构（$R-R$）、高校-科研机构（$U-R$）与企业-科研机构（$I-R$）五个矩阵。在矩阵 $U-U$ 中，若创新主体 i 和主体 j 均为高校，则该矩阵元素取值为 1，否则取值为 0。其他创新主体类型矩阵采用相同方法构建而成。

类似地，本书以多值协同创新主体矩阵 $I_{Multivalue}$ 为被解释变量，检验地理接近性矩阵与创新主体类型矩阵对协同创新强度的影响。$I_{Multivalue}$ 中矩阵元素为创新主体 i 和主体 j 拥有的联合申请专利数。具体模型如下所示：

$$I_{Multivalue} = f(Circle, U-U, I-I, R-R, U-R, I-R) \quad (6.2)$$

在稳健性检验中，为更明确地检验川渝两地是否突破地理行政边界的局限进行跨区域协同创新，本书再次构造地理接近性矩阵进行 QAP 回归分析：

$$I_{Binary} = f(Provi, Regional, U-U, I-I, R-R, U-R, I-R)$$

$$(6.3)$$

$$I_{Multivalue} = f(Provi, Regional, U-U, I-I, R-R, U-R, I-R)$$

$$(6.4)$$

若创新主体 i 和主体 j 同处于重庆市或同处于四川省，则 $Provi$ 矩阵元素取值为 1，否则取值为 0；若创新主体 i 和主体 j 一个位于川渝地区、一个位于川渝之外的其他地区，则 $Regional$ 矩阵元素取值为 1，否则取值为 0。

7.2 QAP 分析的基准回归结果

7.2.1 二值协同创新主体网络的影响因素：基准回归

本书采用 QAP 回归分析方法，对 2010—2020 年的协同创新主体网络关系数据进行影响因素的回归检验，结果见表 7.1 和表 7.2。在针对各年的回归分析中，判定系数 R^2 为 0.01，省略未汇报的单尾检验概率值为 0.001，即随机置换产生的判定系数不小于实际观察到的判定系数的概率，其值 0.001 表示调整后的判定系数 R^2 在 1% 的水平上显著。在 2010—2020 年各年模型样本体积不同，这是因为各年网络节点元素不同。例如，2010 年，384 条联合申请专利关系构成了 384 行、384 列的成渝地区双城经济圈协同创新主体网络矩阵，忽略对角线的元素，有 384×（384-1）= 147 072 个观测值；2020 年，2 967 条联合申请专利关系构成了 2 967 行、2 967 列的成渝地区双城经济圈协同创新主体网络矩阵，有 2 967×（2 967-1）= 8 800 122 个观测值。

表 7.1　二值协同创新主体网络影响因素的基准回归结果：2010—2015 年

变量	2010 年	2011 年	2012 年	2013 年	2014 年	2015 年
$Circle$	0.409 *** (0.002)	0.380 *** (0.001)	0.073 (0.426)	0.049 (0.401)	0.213 * (0.096)	0.205 * (0.090)
$U-U$	0.659 ** (0.038)	0.709 *** (0.007)	0.417 (0.104)	1.185 *** (0.001)	1.047 *** (0.001)	0.621 ** (0.011)
$I-I$	−0.939 *** (0.001)	−1.142 *** (0.001)	−1.225 *** (0.001)	−1.000 *** (0.001)	0.279 * (0.064)	−0.902 *** (0.001)
$R-R$	−0.024 (0.496)	0.074 (0.376)	−0.710 ** (0.012)	−0.844 *** (0.002)	1.046 *** (0.001)	−0.168 (0.259)
$U-R$	0.093 (0.319)	0.102 (0.312)	0.064 (0.336)	0.486 *** (0.006)	0.386 ** (0.012)	0.630 *** (0.001)
$I-R$	−1.245 *** (0.001)	−1.104 *** (0.001)	−1.355 *** (0.001)	−1.372 *** (0.001)	−1.396 *** (0.001)	−1.012 *** (0.001)
$Cons$	−4.995	−5.296	−5.102	−5.285	−5.412	−5.684
R^2	0.010	0.010	0.010	0.010	0.010	0.010
N	147 072	375 156	497 730	585 990	699 732	1 007 012
$Perms$	1 000	1 000	1 000	1 000	1 000	1 000

注：*** 、** 和 * 分别表示 1%、5% 和 10% 的显著性水平；表中括号内是概率值，当系数是正时为最大概率值 P（ge），当系数是负时为最小概率值 P（le）；$Cons$ 为常数项，R^2 为判定系数，N 为回归样本数量，$Perms$ 为置换次数。

表 7.2　二值协同创新主体网络影响因素的基准回归结果：2016—2020 年

变量	2016 年	2017 年	2018 年	2019 年	2020 年
$Circle$	0. 134 （0. 191）	0. 371 *** （0. 001）	0. 368 *** （0. 002）	0. 457 *** （0. 001）	0. 461 *** （0. 001）
$U-U$	1. 268 *** （0. 001）	1. 223 *** （0. 001）	1. 341 *** （0. 001）	1. 344 *** （0. 001）	1. 403 *** （0. 001）
$I-I$	−0. 927 *** （0. 001）	−1. 251 *** （0. 001）	−1. 211 *** （0. 001）	−1. 281 *** （0. 001）	0. 089 （0. 283）
$R-R$	−0. 466 ** （0. 047）	−0. 396 ** （0. 038）	−0. 498 ** （0. 012）	−0. 629 *** （0. 003）	−0. 561 *** （0. 002）
$U-R$	0. 370 ** （0. 016）	0. 500 *** （0. 002）	0. 626 *** （0. 001）	0. 662 *** （0. 001）	0. 606 *** （0. 001）
$I-R$	−1. 052 *** （0. 001）	−1. 456 *** （0. 001）	−1. 491 *** （0. 001）	−1. 636 *** （0. 001）	−1. 685 *** （0. 001）
$Cons$	−5. 789	−5. 944	−6. 128	−6. 294	−6. 413
R^2	0. 010	0. 010	0. 010	0. 010	0. 010
N	1 391 220	2 194 842	3 402 180	5 951 160	8 800 122
$Perms$	1 000	1 000	1 000	1 000	1 000

注： *** 、** 和 * 分别表示 1%、5%和 10%的显著性水平；表中括号内是概率值，当系数是正时为最大概率值 P （ge），当系数是负时为最小概率值 P （le）；$Cons$ 为常数项，R^2 为判定系数，N 为回归样本数量，$Perms$ 为置换次数。

在表 7.1 和表 7.2 中，代表创新主体同处于成渝地区双城经济圈的解释变量 $Circle$ 的标准化回归系数为正，且除 2012 年、2013 年及 2016 年外，在 10%的水平上显著。这表明，地理距离是影响协同创新关系构建与否的重要因素。在大多数年份，成渝地区双城经济圈内的创新主体在选择协同创新伙伴时，更倾向选择区域内而非区域外的主体。地理位置的邻近有助于创新要素的流动与资源的优化配置，从而更易于建立协同创新关系。

在创新主体类型矩阵中，代表创新主体均为高校的变量 $U-U$ 的标准化回归系数在除 2012 年外的其余年份均显著为正，代表创新主体分别为高校与科研机构的变量 $U-R$ 的标准化回归系数在 2013—2020 年均显著为正，且 $U-U$ 变量的系数值大于 $U-R$ 变量系数值。这表明，相较于高校与企业合作等模式，高校与高校、高校与科研机构之间更有可能建立协同创新关系，其中校际合作的概率最大。在突出学科交叉融合和协同创新的大背景下，基于合作平台、学缘关系、人际网络等渠道，高校之间的协同创新网络较为稠密，专利合作关系较为普遍。高校与科研机构的科研实力强劲，专利合作能进一步提升其研发能力，因此合作倾向也较高。值得注意的是，高校与企业专利合作程度过低会导致对专利市场应用价值的忽视，造成协同创新效率低下等问题。代表创新主体均为企业的变量 $I-I$ 的标准化回归系数在除 2014 年、2020 年外的其余 9 年均显著为负，代表创新主体均为科研机构的变量 $R-R$ 的标准化回归系数在大多数年份显著为负，代表创新主体分别为企业与科研机构的变量 $I-R$ 的标准化回归系数在样本期内所有年份均显著为负。这表明，相较于高校与企业合作等模式，企业与企业、科研机构与科研机构、企业与科研机构之间更不易于建立协同创新关系。具体而言，从回归系数值的大小来看，企业与科研机构展开合作的概率最低，其次是企业与企业合作的概率。企业在追求技术专利创新时，选择校企合作更易于平衡双方利益诉求，创新主体更乐于共享自身知识和资源，发挥各自优势提高研发效率。

7.2.2 多值协同创新主体网络的影响因素：基准回归

以多值协同创新主体网络为被解释变量，考察地理接近性矩阵与创新主体类型矩阵对其的影响，回归结果见表 7.3 和表 7.4。代表创新主体同处于成渝地区双城经济圈的解释变量 Circle 的标准化回归系数在 2010—2017 年未通过显著性检验，在 2018—2020 年则显著为正。相比于表 7.1 和表 7.2 中以二值协同创新主体网络为被解释变量的结果，表 7.3 和表 7.4 中地理接近性矩阵 Circle 变量回归系数的显著性水平出现下降。可能的解释是，地理距离对协同创新的不利影响更多地体现在影响创新主体跨越地理空间寻求优势合作伙伴，而非合作关系的强弱程度，但该解释是否成立仍有待替换地理接近性矩阵进行进一步稳健性检验。

表 7.3　多值协同创新主体网络影响因素的基准回归结果：2010—2015 年

变量	2010 年	2011 年	2012 年	2013 年	2014 年	2015 年
Circle	0.409 (0.147)	0.380 (0.144)	0.073 (0.548)	0.049 (0.476)	0.213 (0.333)	0.205 (0.351)
$U-U$	0.659 (0.132)	0.709* (0.085)	0.417 (0.143)	1.185* (0.056)	1.047* (0.051)	0.621 (0.102)

表7.3(续)

变量	2010 年	2011 年	2012 年	2013 年	2014 年	2015 年
$I-I$	−0.939 ** (0.023)	−1.142 *** (0.006)	−1.225 ** (0.047)	−1.000 * (0.084)	0.279 (0.324)	−0.902 * (0.068)
$R-R$	−0.024 (0.567)	0.074 (0.931)	−0.710 (0.199)	−0.844 (0.192)	1.046 * (0.080)	−0.168 (0.420)
$U-R$	0.093 (0.354)	0.102 (0.339)	0.064 (0.359)	0.486 (0.151)	0.386 (0.187)	0.630 (0.108)
$I-R$	−1.245 ** (0.018)	−1.104 ** (0.011)	−1.355 ** (0.045)	−1.372 * (0.077)	−1.396 ** (0.025)	−1.012 * (0.061)
$Cons$	−4.995	−5.296	−5.102	−5.285	−5.412	−5.684
R^2	0.010	0.010	0.010	0.010	0.010	0.010
N	147 072	375 156	497 730	585 990	699 732	1 007 012
$Perms$	1 000	1 000	1 000	1 000	1 000	1 000

注：*** 、** 和 * 分别表示1%、5%和10%的显著性水平；表中括号内是概率值，当系数是正时为最大概率值 P（ge），当系数是负时为最小概率值 P（le）；Cons 为常数项，R^2 为判定系数，N 为回归样本数量，Perms 为置换次数。

表 7.4　多值协同创新主体网络影响因素的基准回归结果：2016—2020 年

变量	2016 年	2017 年	2018 年	2019 年	2020 年
$Circle$	0.134 (0.352)	0.371 (0.102)	0.368 * (0.088)	0.457 ** (0.033)	0.461 ** (0.019)
$U-U$	1.268 ** (0.014)	1.223 ** (0.037)	1.341 ** (0.024)	1.344 ** (0.023)	1.403 ** (0.012)
$I-I$	−0.927 ** (0.040)	−1.251 *** (0.001)	−1.211 *** (0.002)	−1.281 *** (0.001)	0.089 (0.400)
$R-R$	−0.466 (0.228)	−0.396 (0.221)	−0.498 (0.189)	−0.629 * (0.100)	−0.561 * (0.092)
$U-R$	0.370 (0.141)	0.500 * (0.095)	0.626 * (0.054)	0.662 ** (0.039)	0.606 ** (0.036)
$I-R$	−1.052 ** (0.039)	−1.456 *** (0.002)	−1.491 *** (0.002)	−1.636 *** (0.001)	−1.685 *** (0.001)
$Cons$	−5.789	−5.944	−6.128	−6.294	−6.413
R^2	0.010	0.010	0.010	0.010	0.010

表7.4(续)

变量	2016 年	2017 年	2018 年	2019 年	2020 年
N	1 391 220	2 194 842	3 402 180	5 951 160	8 800 122
Perms	1 000	1 000	1 000	1 000	1 000

注：*** 、** 和 * 分别表示 1%、5% 和 10% 的显著性水平；表中括号内是概率值，当系数是正时为最大概率值 P（ge），当系数是负时为最小概率值 P（le）；*Cons* 为常数项，R^2 为判定系数，N 为回归样本数量，*Perms* 为置换次数。

在创新主体类型矩阵中，代表创新主体均为高校的变量 $U-U$ 的标准化回归系数在大多数年份显著为正，代表创新主体分别为高校与科研机构的变量 $U-R$ 的标准化回归系数在 2017—2020 年显著为正，且 $U-U$ 变量的系数值大于 $U-R$ 变量的系数值。这表明，相较于高校与企业合作等模式，高校与高校合作、高校与科研机构合作对协同创新关系强度具有显著正向影响。代表创新主体均为企业的变量 $I-I$ 的标准化回归系数在除 2014 年、2020 年外的其余 9 年均显著为负，代表创新主体分别为企业与科研机构的变量 $I-R$ 的标准化回归系数在样本期内所有年份均显著为负。这表明，相较于高校与企业合作等模式，企业与企业合作、企业与科研机构合作对协同创新关系强度具有显著负向影响。

7.3 QAP 分析的稳健性检验结果

7.3.1 二值协同创新主体网络的影响因素：稳健性检验

为检验上文协同创新主体网络影响因素的回归分析是否稳健，仅在模型中控制创新主体类型矩阵进行 QAP 回归分析，结果见表 7.5 和表 7.6。代表创新主体均为高校的变量 $U-U$ 的标准化回归系数在除 2012 年外的其余年份均显著为正，代表创新主体分别为高校与科研机构的变量 $U-R$ 的标准化回归系数在 2013—2020 年均显著为正。代表创新主体均为企业的变量 $I-I$ 的标准化回归系数在除 2014 年、2020 年外的其余 9 年均显著为负，代表创新主体均为科研机构的变量 $R-R$ 的标准化回归系数在除 2010 年、2011 年和 2015 年外的其余年份均显著为负，代表创新主体分别为企业与科研机构的变量 $I-R$ 的标准化回归系数在样本期内所有年份均显著为负。

相较于表7.1和表7.2中的基准回归结果，各创新主体类型变量的标准化回归系数值和显著性水平未发现显著性变化，这证明了基准回归结果的稳健性。相较于高校与企业合作模式，高校与高校之间、高校与科研机构之间协同创新的概率更高，企业与企业之间、企业与科研机构之间则具有更小的协同创新概率。

表7.5　创新主体类型矩阵对二值协同创新主体网络的影响：2010—2015年

变量	2010 年	2011 年	2012 年	2013 年	2014 年	2015 年
$U-U$	0.620 ** (0.047)	0.683 *** (0.008)	0.411 (0.112)	1.183 *** (0.001)	1.037 *** (0.001)	0.604 ** (0.011)
$I-I$	−0.897 *** (0.001)	−1.114 *** (0.001)	−1.218 *** (0.001)	−0.998 *** (0.001)	0.288 * (0.059)	−0.882 *** (0.001)
$R-R$	−0.070 (0.360)	0.057 (0.397)	−0.699 ** (0.014)	−0.843 *** (0.001)	1.038 *** (0.001)	−0.169 (0.229)
$U-R$	0.053 (0.394)	0.081 (0.348)	0.066 (0.333)	0.486 *** (0.006)	0.378 ** (0.015)	0.621 *** (0.001)
$I-R$	−1.250 *** (0.001)	−1.099 *** (0.001)	−1.346 *** (0.001)	−1.371 *** (0.001)	−1.395 *** (0.001)	−1.003 *** (0.001)
$Cons$	−4.779	−5.104	−5.067	−5.259	−5.296	−5.594
R^2	0.001	0.001	0.001	0.001	0.001	0.001
N	147 072	375 156	497 730	585 990	699 732	1 007 012
$Perms$	1 000	1 000	1 000	1 000	1 000	1 000

注：***、** 和 * 分别表示1%、5%和10%的显著性水平；表中括号内是概率值，当系数是正时为最大概率值 P（ge），当系数是负时为最小概率值 P（le）；$Cons$ 为常数项，R^2 为判定系数，N 为回归样本数量，$Perms$ 为置换次数。

表7.6　创新主体类型矩阵对二值协同创新主体网络的影响：2016—2020年

变量	2016 年	2017 年	2018 年	2019 年	2020 年
$U-U$	1.262 *** (0.001)	1.186 *** (0.001)	1.314 *** (0.001)	1.299 *** (0.001)	1.359 *** (0.001)
$I-I$	−0.921 *** (0.001)	−1.207 *** (0.001)	−1.181 *** (0.001)	−1.227 *** (0.001)	0.116 (0.220)
$R-R$	−0.460 ** (0.041)	−0.377 ** (0.042)	−0.453 ** (0.019)	−0.608 *** (0.003)	−0.550 *** (0.002)

表7.6(续)

变量	2016 年	2017 年	2018 年	2019 年	2020 年
$U-R$	0. 370 ** (0. 016)	0. 490 *** (0. 002)	0. 632 *** (0. 001)	0. 648 *** (0. 001)	0. 589 *** (0. 001)
$I-R$	−1. 045 *** (0. 001)	−1. 424 *** (0. 001)	−1. 454 *** (0. 001)	−1. 599 *** (0. 001)	−1. 665 *** (0. 001)
$Cons$	−5. 728	−5. 777	−5. 957	−6. 088	−6. 206
R^2	0. 001	0. 001	0. 001	0. 001	0. 001
N	1 391 220	2 194 842	3 402 180	5 951 160	8 800 122
$Perms$	1 000	1 000	1 000	1 000	1 000

注: *** 、** 和 * 分别表示 1%、5% 和 10% 的显著性水平；表中括号内是概率值，当系数是正时为最大概率值 P（ge），当系数是负时为最小概率值 P（le）；$Cons$ 为常数项，R^2 为判定系数，N 为回归样本数量，$Perms$ 为置换次数。

　　为更明确地检验川渝两地是否突破地理行政边界的局限进行跨区域协同创新，本书再次构造地理接近性矩阵进行 QAP 回归分析，结果见表 7.7 和表 7.8。其中，代表创新主体同处于重庆市或同处于四川省的变量 $Provi$ 的标准化回归系数显著为正，而代表创新主体分别位于川渝内和川渝外其他地区的变量 $Regional$ 的标准化回归系数虽在绝大多数年份为负，但未通过显著性检验。这表明，当创新主体同处于重庆市或同处于四川省时，具有更高的协同创新概率；而川渝内部创新主体的跨地区协同创新概率并未显著大于川渝外部创新主体的跨地区协同创新概率。因此，前文得到的成渝地区双城经济圈内的创新主体更倾向于与区域内主体而非区域外主体展开协同创新的结论是省内协同创新的结果。创新主体属于同一行政区域对建立协同创新关系有显著积极影响，地理距离、政策差异、文化差异等原因使得跨区域协同创新面临困境。2011—2020 年，川渝两地之间的跨区域协同创新并未显著优于川渝两地与外部地区的跨区域协同创新，成渝地区双城经济圈的空间协同创新仍有待进一步推进。替换地理接近性矩阵后，创新主体类型矩阵各变量的标准化回归系数值及显著性水平未发生根本性变化，表明本书的研究结论具有较强的稳健性。

表 7.7　替换地理接近性矩阵对二值协同创新主体网络的影响：2010—2015 年

变量	2010 年	2011 年	2012 年	2013 年	2014 年	2015 年
Provi	1.156*** (0.001)	1.336*** (0.001)	0.989*** (0.001)	0.978*** (0.001)	1.036*** (0.001)	0.990*** (0.001)
Regional	−0.947*** (0.009)	−0.073 (0.408)	−0.207 (0.330)	−0.050 (0.445)	−0.113 (0.363)	0.258 (0.115)
U − U	0.742** (0.021)	0.777*** (0.002)	0.500* (0.073)	1.226*** (0.001)	1.093*** (0.001)	0.660*** (0.009)
I − I	−1.005*** (0.001)	−1.250*** (0.001)	−1.319*** (0.001)	−1.043*** (0.001)	0.254* (0.094)	−0.960*** (0.001)
R − R	0.033 (0.425)	0.095 (0.352)	−0.800*** (0.006)	−0.859*** (0.001)	1.074*** (0.001)	−0.199 (0.246)
U − R	0.154 (0.244)	0.143 (0.257)	0.062 (0.343)	0.495*** (0.005)	0.409** (0.011)	0.638*** (0.001)
I − R	−1.259*** (0.001)	−1.146*** (0.001)	−1.450*** (0.001)	−1.403*** (0.001)	−1.421*** (0.001)	−1.058*** (0.001)
Cons	−5.196	−5.613	−5.414	−5.648	−5.705	−5.945
R^2	0.050	0.040	0.030	0.030	0.030	0.030
N	147 072	375 156	497 730	585 990	699 732	1 007 012
Perms	1 000	1 000	1 000	1 000	1 000	1 000

注：***、** 和 * 分别表示 1%、5% 和 10% 的显著性水平；表中括号内是概率值，当系数是正时为最大概率值 P（ge），当系数是负时为最小概率值 P（le）；*Cons* 为常数项，R^2 为判定系数，*N* 为回归样本数量，*Perms* 为置换次数。

表 7.8　替换地理接近性矩阵对二值协同创新主体网络的影响：2016—2020 年

变量	2016 年	2017 年	2018 年	2019 年	2020 年
Provi	0.959*** (0.001)	1.192*** (0.001)	1.217*** (0.001)	1.238*** (0.001)	1.172*** (0.001)
Regional	0.287 (0.197)	−0.069 (0.428)	−0.048 (0.424)	−0.092 (0.339)	−0.183 (0.172)
U − U	1.283*** (0.001)	1.288*** (0.001)	1.391*** (0.001)	1.408*** (0.001)	1.493*** (0.001)
I − I	−1.003*** (0.001)	−1.339*** (0.001)	−1.300*** (0.001)	−1.356*** (0.002)	−0.019 (0.413)

表7.8(续)

变量	2016 年	2017 年	2018 年	2019 年	2020 年
$R-R$	-0.548** (0.024)	-0.510** (0.018)	-0.585*** (0.004)	-0.689*** (0.002)	-0.563*** (0.002)
$U-R$	0.365** (0.017)	0.498*** (0.002)	0.622*** (0.001)	0.668*** (0.001)	0.655*** (0.001)
$I-R$	-1.132*** (0.001)	-1.556*** (0.001)	-1.580*** (0.001)	-1.705*** (0.001)	-1.633*** (0.001)
$Cons$	-6.060	-6.182	-6.368	-6.510	-6.611
R^2	0.030	0.030	0.020	0.020	0.010
N	1 391 220	2 194 842	3 402 180	5 951 160	8 800 122
$Perms$	1 000	1 000	1 000	1 000	1 000

注：***、**和*分别表示1%、5%和10%的显著性水平；表中括号内是概率值，当系数是正时为最大概率值 P（ge），当系数是负时为最小概率值 P（le）；$Cons$ 为常数项，R^2 为判定系数，N 为回归样本数量，$Perms$ 为置换次数。

7.3.2 多值协同创新主体网络的影响因素：稳健性检验

表 7.9 和表 7.10 是仅在模型中控制创新主体类型矩阵进行的 QAP 回归分析结果。相较于表 7.3 和表 7.4 中的基准回归结果，各创新主体类型变量的标准化回归系数值和显著性水平未发现显著性变化，再次证明了基准回归结果的稳健性。相较于高校与企业合作模式，高校与高校之间、高校与科研机构之间协同创新的强度更高，企业与企业之间、企业与科研机构之间则具有更低的协同创新强度。

表 7.9　创新主体类型矩阵对多值协同创新主体网络的影响：2010—2015 年

变量	2010 年	2011 年	2012 年	2013 年	2014 年	2015 年
$U-U$	0.620 (0.139)	0.683* (0.091)	0.411 (0.144)	1.183* (0.055)	1.037* (0.052)	0.604 (0.107)
$I-I$	-0.897** (0.016)	-1.114*** (0.006)	-1.218** (0.034)	-0.998** (0.045)	0.288 (0.327)	-0.882* (0.057)
$R-R$	-0.070 (0.508)	0.057 (0.399)	-0.699 (0.139)	-0.843 (0.138)	1.038* (0.082)	-0.169 (0.362)

表7.9(续)

变量	2010 年	2011 年	2012 年	2013 年	2014 年	2015 年
$U-R$	0.053 (0.377)	0.081 (0.352)	0.066 (0.360)	0.486 (0.151)	0.378 (0.187)	0.621 (0.111)
$I-R$	−1.250*** (0.006)	−1.099*** (0.007)	−1.346** (0.031)	−1.371** (0.033)	−1.395** (0.023)	−1.003* (0.051)
$Cons$	−4.779	−5.104	−5.067	−5.259	−5.296	−5.594
R^2	0.001	0.001	0.001	0.001	0.001	0.001
N	147 072	375 156	497 730	585 990	699 732	1 007 012
$Perms$	1 000	1 000	1 000	1 000	1 000	1 000

注：***、**和*分别表示1%、5%和10%的显著性水平；表中括号内是概率值，当系数是正时为最大概率值 P（ge），当系数是负时为最小概率值 P（le）；$Cons$ 为常数项，R^2 为判定系数，N 为回归样本数量，$Perms$ 为置换次数。

表 7.10　创新主体类型矩阵对多值协同创新主体网络的影响：2016—2020 年

变量	2016 年	2017 年	2018 年	2019 年	2020 年
$U-U$	1.262** (0.014)	1.186** (0.038)	1.314** (0.025)	1.299** (0.023)	1.359** (0.013)
$I-I$	−0.921** (0.034)	−1.207*** (0.002)	−1.181*** (0.001)	−1.227*** (0.001)	0.116 (0.355)
$R-R$	−0.460 (0.198)	−0.377 (0.176)	−0.453 (0.176)	−0.608* (0.075)	−0.550* (0.094)
$U-R$	0.370 (0.141)	0.490* (0.098)	0.632* (0.054)	0.648** (0.041)	0.589** (0.039)
$I-R$	−1.045** (0.033)	−1.424*** (0.003)	−1.454*** (0.002)	−1.599*** (0.001)	−1.665*** (0.001)
$Cons$	−5.728	−5.777	−5.957	−6.088	−6.206
R^2	0.001	0.001	0.001	0.001	0.001
N	1 391 220	2 194 842	3 402 180	5 951 160	8 800 122
$Perms$	1 000	1 000	1 000	1 000	1 000

注：***、**和*分别表示1%、5%和10%的显著性水平；表中括号内是概率值，当系数是正时为最大概率值 P（ge），当系数是负时为最小概率值 P（le）；$Cons$ 为常数项，R^2 为判定系数，N 为回归样本数量，$Perms$ 为置换次数。

替换地理接近性矩阵，对多值协同创新主体网络的影响因素进行稳健性检验，结果见表 7.11 和表 7.12。其中，代表创新主体同处于重庆市或同处于四川省的变量 Provi 的标准化回归系数显著为正，而代表创新主体分别位于川渝内和川渝外地区的变量 Regional 的标准化回归系数未通过显著性检验。研究结果表明，地理距离的远近不仅影响协同创新关系的建立与否，而且影响协同创新关系强弱。相较于跨区域的协同创新，同一行政区域内部的协同创新具有更高的强度，通过发挥地理邻近优势进行有效对接，专利合作与转化效率更高。替换地理接近性矩阵后，创新主体类型矩阵各变量的标准化回归系数数值及显著性水平未发生根本性变化，再次表明本书的研究结论具有较强的稳健性。

表 7.11　替换地理接近性矩阵对多值协同创新主体网络的影响：2010—2015 年

变量	2010 年	2011 年	2012 年	2013 年	2014 年	2015 年
Provi	1.156 *** (0.003)	1.336 *** (0.001)	0.989 *** (0.009)	0.978 (0.153)	1.036 ** (0.012)	0.990 *** (0.004)
Regional	−0.947 (0.154)	−0.073 (0.390)	−0.207 (0.546)	−0.050 (0.331)	−0.113 (0.553)	0.258 (0.269)
U − U	0.742 (0.105)	0.777 * (0.072)	0.500 (0.126)	1.226 * (0.053)	1.093 ** (0.047)	0.660 * (0.096)
I − I	−1.005 ** (0.021)	−1.250 *** (0.003)	−1.319 ** (0.046)	−1.043 * (0.099)	0.254 (0.348)	−0.960 * (0.067)
R − R	0.033 (0.395)	0.095 (0.373)	−0.800 (0.163)	−0.859 (0.191)	1.074 * (0.080)	−0.199 (0.426)
U − R	0.154 (0.318)	0.143 (0.321)	0.062 (0.361)	0.495 (0.148)	0.409 (0.180)	0.638 (0.108)
I − R	−1.259 ** (0.021)	−1.146 ** (0.013)	−1.450 ** (0.046)	−1.403 * (0.086)	−1.421 ** (0.024)	−1.058 * (0.065)
Cons	−5.196	−5.613	−5.414	−5.648	−5.705	−5.945
R^2	0.050	0.040	0.030	0.030	0.030	0.030
N	147 072	375 156	497 730	585 990	699 732	1 007 012
Perms	1 000	1 000	1 000	1 000	1 000	1 000

注：***、** 和 * 分别表示 1%、5% 和 10% 的显著性水平；表中括号内是概率值，当系数是正时为最大概率值 P（ge），当系数是负时为最小概率值 P（le）；*Cons* 为常数项，R^2 为判定系数，*N* 为回归样本数量，*Perms* 为置换次数。

表 7.12　替换地理接近性矩阵对多值协同创新主体网络的影响：2016—2020 年

变量	2016 年	2017 年	2018 年	2019 年	2020 年
Provi	0.959*** (0.004)	1.192*** (0.001)	1.217*** (0.001)	1.238*** (0.001)	1.172*** (0.001)
Regional	0.287 (0.279)	−0.069 (0.483)	−0.048 (0.492)	−0.092 (0.422)	−0.183 (0.355)
U - U	1.283** (0.014)	1.288** (0.033)	1.391** (0.021)	1.408** (0.021)	1.493*** (0.010)
I - I	−1.003** (0.047)	−1.339*** (0.001)	−1.300*** (0.001)	−1.356*** (0.001)	−0.019 (0.425)
R - R	−0.548 (0.211)	−0.510 (0.171)	−0.585 (0.158)	−0.689* (0.078)	−0.563* (0.094)
U - R	0.365 (0.142)	0.498* (0.096)	0.622* (0.054)	0.668** (0.039)	0.655** (0.029)
I - R	−1.132** (0.038)	−1.556*** (0.001)	−1.580*** (0.001)	−1.705*** (0.001)	−1.633*** (0.001)
Cons	−6.060	−6.182	−6.368	−6.510	−6.611
R^2	0.030	0.030	0.020	0.020	0.010
N	1 391 220	2 194 842	3 402 180	5 951 160	8 800 122
Perms	1 000	1 000	1 000	1 000	1 000

注：***、**和*分别表示 1%、5%和 10%的显著性水平；表中括号内是概率值，当系数是正时为最大概率值 P（ge），当系数是负时为最小概率值 P（le）；*Cons* 为常数项，R^2 为判定系数，*N* 为回归样本数量，*Perms* 为置换次数。

7.4　小结

在利用 2010—2020 年成渝地区双城经济圈联合申请专利数据构建协同创新主体网络的基础上，本书运用 QAP 回归分析，揭示了地理接近性矩阵与创新主体类型矩阵对协同创新主体网络的影响。研究结果表明：

（1）地理邻近性不仅对协同创新关系的建立与否产生积极影响，而且会影响协同创新关系强度。一是在大多数年份，代表创新主体同处于成渝地区双城经济圈的解释变量 *Circle* 的标准化回归系数在二值协同创新主体网络检验模型中显著为正，但在多值协同创新主体网络检验模型其显著性水平出现下降。这表明，成渝地区双城经济圈内的创新主体在选择协同创新伙伴时，更倾向于选择区域内而非区域外的主体，且地理距离对协同创新的不利影响更多地体现在影响创新主体跨越地理空间寻求优势合作伙伴，而非合作关系的强弱程度。二是代表创新主体同处于重庆市或同处于四川省的变量 $Provi$ 的标准化回归系数显著为正，而代表创新主体分别位于川渝内和川渝外其他地区的变量 $Regional$ 的标准化回归系数在绝大多数年份未通过显著性检验。在本书考察的样本期内，相较于跨区域的协同创新，同一行政区域内部的协同创新具有更大的广度和更高的强度，川渝两地之间的跨区域协同创新并未显著优于川渝两地与外部地区的跨区域协同创新，成渝地区双城经济圈的空间协同创新仍有待进一步推进。

（2）创新主体类型模式对协同创新具有显著影响，这一结论具有较强的稳健性。一是在创新主体类型矩阵中，代表创新主体均为高校的变量 $U-U$ 和代表创新主体分别为高校与科研机构的变量 $U-R$ 的标准化回归系数绝大多数年份均显著为正。这表明，相较于高校与企业合作模式，高校与高校之间、高校与科研机构之间协同创新的概率和强度更大，其中校际合作的可能性最大。二是代表创新主体均为企业的变量 $I-I$ 和代表创新主体分别为企业与科研机构的变量 $I-R$ 的标准化回归系数在绝大多数年份均显著为负。这表明，相较于高校与企业合作模式，企业与企业之间、企业与科研机构之间则具有更小的协同创新概率和强度。

8 成渝地区双城经济圈协同创新主体所在地区网络的影响因素研究

8.1 计量模型设定

8.1.1 分位数回归

多数实证分析着重考察解释变量 x 对被解释变量 y 的条件期望 $E(y|x)$ 的影响，实际上是从平均数的角度去分析得到参数结果，即均值回归。但我们真正关心的是 x 对整个条件分布 $y|x$ 的影响，而条件期望 $E(y|x)$ 只是刻画条件分布 $y|x$ 的一个指标而已。当条件分布 $y|x$ 不是对称分布时，$E(y|x)$ 很难反映整个条件分布的全貌。此外，基于 OLS 的均值回归，其最小化的目标函数为残差平方和，因此容易受极端值的影响，使得参数估计往往很不稳定。

Koenker 和 Bassett （1978） 最早提出分位数回归（quantile regreesion，QR），能够基于被解释变量 y 的条件分布来估计解释变量 x 的参数，即根据不同分位点利用样本含有的不同信息对模型进行回归分析。同时，分位数回归不对模型做任何分布假设，且不对矩函数有任何要求，故模型的参数估计不易受到可能存在的极端值的影响，较为稳健。分位数的回归方程可以定义为

$$y^q(x_i) = x'_i \beta^q \tag{8.1}$$

其中，$y^q(x_i)$ 表示被解释变量的第 q 个条件分位数，β^q 表示解释变量在第 q 个分位数下的回归系数估计，其估计值 $\hat{\beta}^q$ 需要求解加权绝对残差和最小化问题，即

$$\min_{\beta^q} \sum_{i:\ y_i \geq x'_i \beta^q}^{n} q \left| y_i - x'_i \beta^q \right| + \sum_{i:\ y_i < x'_i \beta^q}^{n} (1-q) \left| y_i - x'_i \beta^q \right| \qquad (8.2)$$

因此，分位点不同时估算得到的模型参数也不同，因而可以得到不同的回归方程，根据实际情况对回归方程进行选择。

随着面板数据的广泛使用，面板分位数回归也随之出现。采用分位数回归的方法对面板数据变量的参数进行估计，不仅能够分析在特定的分位点上解释变量对被解释变量的边际效应，还能够更好地控制个体的异质性，以解决遗漏变量导致的内生性问题。面板分位数回归同样可以通过固定效应、随机效应进行估计。随机效应面板分位数回归模型的形式如下：

$$y_{it}^q(x_{it}) = \alpha_i + x'_{it}\beta^q + \mu_{ij} \quad i, j = 1, 2, \cdots, N; \ t = 1, 2, \cdots, T$$

$$(8.3)$$

其中，x_{it} 和 y_{it} 分别表示第 i 个截面在第 t 时期解释变量、被解释变量的观测值，α_i 表示不可观测的个体固定效应，α_i 为误差项。

控制个体效应的固定效应模型的设定形式如下：

$$y_{it}^q(x_{it}) = \alpha_i + x'_{it}\beta^q \quad i = 1, 2, \cdots, N; \ t = 1, 2, \cdots, T \qquad (8.4)$$

近年来，面板分位数回归方法得到了广泛应用。例如，李德山和张郑秋（2020）采用非可加性面板分位数回归模型分析环境规制对城市绿色全要素生产率变动的影响，发现不同分位点上环境规制对绿色全要素生产率变动的影响表现出明显的异质性。姚辉斌和彭新宇（2021）利用中国与共建"一带一路"国家的数据，应用面板分位数方法实证检验了共建"一带一路"国家制度环境对中国农产品出口贸易的影响。陈之常和马亚东（2022）运用面板空间分位数模型，实证检验了不同分位点上城市更新对不同区域居民幸福感的影响。

既有研究在对协同创新影响因素进行检验时，普遍建立传统面板回归模型分析解释变量对被解释变量的条件期望的影响，而条件期望很难反映整个条件分布的全貌。且当数据存在异常点时，估计结果不准确，会掩盖被解释变量在不同位置上产生的差距不对称现象。为详细考察影响成渝地区双城经济圈协同创新主体所在地区网络的因素，本书采用固定效应面板分位数模型进行影响因素检验，对不同位置的样本点进行回归。

8.1.2 模型构建

参考既有研究文献，本书构建如下计量模型对成渝地区双城经济圈协同创新主体所在地区网络的影响因素进行检验：

$$y_{it}^q = \alpha_i + \beta_1^q \ln rgdp_{it-2} + \beta_2^q gdpg_{it-2} + \beta_3^q ind2_{it-2} + \beta_4^q ind3_{it-2} +$$

$$\beta_5^q \ln rev_{it-2} + \beta_6^q sci_{it-2} + \beta_7^q edu_{it-2} + \beta_8^q \ln sales_{it-2} + \beta_9^q \ln open_{it-2} \quad (8.5)$$

其中，y_{it} 为第 i 个地区在第 t 年成渝地区双城经济圈协同创新主体所在地区网络的节点特征，分别采用点度节点度（$degree$）、中间中心度（$between$）和接近中心度（$closeness$）来衡量各地区协同创新参与度。利用 2010—2020 年成渝地区双城经济圈 37 504 条联合申请专利数据，采用社会网络分析，将创新主体所在地区视为行动者、将联合申请专利视为关系，构建成渝地区双城经济圈协同创新主体所在地区网络，进而测算各网络节点，即成渝地区双城经济圈各地区的点度节点度、中间中心度和接近中心度。

在解释变量中，$\ln rgdp$ 表示成渝地区双城经济圈各地区的人均实际生产总值的自然对数，考察地区经济发展水平对协同创新的影响，人均实际生产总值以 2005 年为基期计算得出。$gdpg$ 表示成渝地区双城经济圈各地区的 GDP 增长率。为考察产业结构对地区协同创新的影响，在模型中控制第二产业产值占地区生产总值的比重 $ind2$ 和第三产业产值占地区生产总值的比重 $ind3$。$\ln rev$ 表示成渝地区双城经济圈各地区的一般公共预算收入的自然对数。考虑到地方财政收入与财政支出之间存在显著的正相关性，本书在模型中省略了财政支出变量，而是控制科学技术支出占地方一般公共预算支出的比重 sci 和教育支出占地方一般公共预算支出 edu 的比重，表征地方政府对科学技术与教育的支持力度。$\ln sales$ 表示成渝地区双城经济圈各地区社会消费品零售总额的自然对数，衡量市场规模情况。$\ln open$ 表示成渝地区双城经济圈各地区货物进出口总额的自然对数，衡量对外开放程度。

考虑到进行研发投入到形成研发产出之间存在时滞周期，本书采用一般做法，对各解释变量进行滞后两期处理。基础数据来自历年《重庆统计年鉴》《四川统计年鉴》和《中国统计年鉴》。

表 8.1 报告了模型各变量的描述性统计结果。在被解释变量中，点度节点度 $degree$ 最小值为 0、最大值为 1，具有相对较高的标准差，为 0.23。中间中心度 $between$ 存在大量取值为 0 的样本，其平均值仅为 0.04，其标准差最低，为 0.11。接近中心度 $closeness$ 的平均值最高，为 0.51，标准差相对较低，为 0.12。各解释变量的标准差存在差异。

表 8.1 模型各变量的描述性统计结果

变量	25 分位	50 分位	75 分位	最小值	最大值	平均值	标准差
degree	0.07	0.13	0.24	0.00	1.00	0.21	0.23
between	0.00	0.00	0.01	0.00	0.54	0.04	0.11
closeness	0.46	0.49	0.55	0.20	1.00	0.51	0.12
lnrgdp	6.37	6.75	7.09	5.20	9.70	6.91	0.90
gdpg	8.30	10.93	14.65	1.00	20.10	11.43	3.48
ind2	0.47	0.52	0.57	0.35	0.62	0.52	0.06
ind3	0.26	0.29	0.37	0.21	0.54	0.32	0.08
lnrev	12.68	13.28	13.83	11.31	16.94	13.47	1.22
sci	0.00	0.01	0.01	0.00	0.06	0.01	0.01
edu	0.15	0.17	0.19	0.04	0.26	0.17	0.04
lnsales	14.75	15.23	15.72	13.46	18.21	15.40	0.98
lnopen	11.55	12.49	13.55	5.55	17.89	12.65	2.26

8.2 面板分位数回归的基准回归结果

8.2.1 点度中心度的影响因素：基准回归

为了检验不同协同创新水平下的影响因素，本书选取 10%、25%、50%、75% 和 90% 五个分位点对模型（8.5）进行固定效应的面板分位数回归。点度中心度影响因素的基准回归结果见表 8.2。在点度中心度水平的不同分位点上，经济发展水平变量 lnrgdp 的回归系数均为正，但在点度中心度为最低 10% 的地区与最高 10% 的地区，经济发展变量并不显著，而在 25%、50% 和 75% 分位点上通过了 10% 的显著性检验。从分位来看，地区人均实际生产总值每增加 1%，点度中心度可上升 0.233~0.259。这表明，经济发展水平提高对跨地区协同创新有积极影响。地区经济发展水平越高，越能够营造优越的产学研合作环境，越容易吸引高质量人才与前沿技术，从而有助于建立广泛的协同创新关系。

表 8.2 点度中心度影响因素的基准回归结果

变量	QR_10	QR_25	QR_50	QR_75	QR_90
ln$rgdp$	0.224 (0.184)	0.233* (0.135)	0.247** (0.103)	0.259* (0.138)	0.268 (0.186)
$gdpg$	0.003 (0.003)	0.003 (0.002)	0.002 (0.002)	0.002 (0.003)	0.002 (0.003)
$ind2$	−1.453** (0.717)	−1.239** (0.526)	−0.934** (0.404)	−0.650 (0.538)	−0.445 (0.723)
$ind3$	−1.127 (0.747)	−0.918* (0.548)	−0.620 (0.421)	−0.342 (0.561)	−0.142 (0.754)
lnrev	−0.101 (0.074)	−0.106* (0.054)	−0.113*** (0.041)	−0.119** (0.055)	−0.124* (0.075)
sci	2.612* (1.405)	2.109** (1.033)	1.390* (0.796)	0.721 (1.055)	0.238 (1.416)
edu	0.206 (0.387)	0.285 (0.284)	0.399* (0.218)	0.505* (0.291)	0.581 (0.391)
ln$sales$	0.096 (0.119)	0.105 (0.088)	0.117* (0.067)	0.129 (0.090)	0.138 (0.121)
ln$open$	0.019* (0.010)	0.013* (0.008)	0.005 (0.006)	−0.003 (0.008)	−0.009 (0.010)
N	176	176	176	176	176

注: ***、**和*分别表示1%、5%和10%的显著性水平；表中括号内是标准误。

第二产业占比 $ind2$ 的回归系数在 10%、25% 和 50% 分位点上分别为 −1.453、−1.239 和 −0.934，且均通过了显著性检验，在 75% 和 90% 分位点上并不显著。地区在经济竞争中往往会优先发展第二产业，第二产业占比提高意味着地区竞争更为激烈，此时相比于协同创新关系的广度，地区可能更强调协同创新关系的深度，建立的协同创新关系更为集中。而在点度中心度较高的地区，第二产业占比的负向效应不再显著。

地方财政收入变量 lnrev 的回归系数在 25%、50%、75% 和 90% 分位点上均显著为负。这表明，地区财政收入的增长会对跨地区协同创新产生消极影响，使得建立的协同创新关系更为集中。充足的地方财政收入一定程度上会降低政府推进协同创新的意愿。

科学技术支出占比 *sci* 的回归系数在 10%、25% 和 50% 分位点上显著为正，在 75% 和 90% 分位点上虽为正，但未通过显著性检验。教育支出占比 *edu* 的回归系数则在 50% 和 75% 分位点上显著为正。这表明，在点度中心度较低的地区，政府科学技术支持可促进跨地区协同创新关系广度的提升，而在点度中心度较高的地区，政府教育支持可促进跨地区协同创新关系广度的提升。

对外开放水平变量 lnopen 的回归系数在 10% 和 25% 分位点上显著为正，在 50%、75% 和 90% 分位点上虽为正，但未通过显著性检验。在点度中心度较低的地区，与国内外先进企业的合作交流有助于促使企业向开拓创新观念转变，激发企业创新的内在动力。同时，也为企业提供了更多的技术模仿、学习机会，提升协同创新能力。在解释变量中，经济增长变量 *gdpg*、第二产业占比 *ind*3 和市场规模水平变量 lnsales 的回归系数未通过显著性检验，并未对点度中心度的提升产生显著影响。

图 8.1 直观呈现了点度中心度影响因素的分位数回归系数的变化情况。可以看出，在点度中心度的不同分位点上，经济发展变量 lnrgdp 对协同创新关系广度的正向影响、地方财政收入变量 lnrev 对协同创新关系广度的负向影响均较为平稳，未出现太大的波动。随着分位点的提高，第二产业比重 *ind*2 对协同创新关系广度的负向影响、对外开放变量 lnopen 对协同创新关系广度的正向影响均逐渐削弱直至不显著。科学技术支持对协同创新关系广度的影响随着地区点度中心度的提升而逐渐减弱，而教育支持的贡献则随着点度中心度的提升而增强，这表明协同创新水平高的地区更需要教育的支撑。

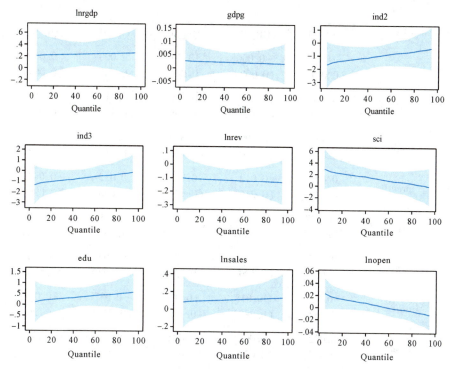

图 8.1　点度中心度影响因素的分位数回归系数的变化情况

8.2.2　中间中心度的影响因素：基准回归

对中间中心度影响因素进行固定效应的面板分位数回归，估计结果见表 8.3。可以发现，在中间中心度水平的不同分位点，模型各变量的估计系数均未通过显著性检验，说明面板分位数估计是无效的。这很可能与样本中间中心度分布呈现的中心-外围特征有关。在成渝地区双城经济圈协同创新主体所在地区网络中，仅成都和重庆具有一定的中间中心度，其他地区的中间中心度则为 0。重庆、成都作为超大城市，在成渝地区双城经济圈协同创新网络中具有较强的控制力，而其他地区在此网络中则没有能力控制或支配其他城市。

表 8.3　中间中心度影响因素的基准回归结果

变量	QR_10	QR_25	QR_50	QR_75	QR_90
ln$rgdp$	-0.037 (0.509)	-0.038 (0.405)	-0.039 (0.247)	-0.041 (0.068)	-0.043 (0.180)

表8.3(续)

变量	QR_10	QR_25	QR_50	QR_75	QR_90
gdpg	−0.000 (0.011)	−0.000 (0.009)	−0.000 (0.005)	0.000 (0.002)	0.000 (0.004)
ind2	0.294 (2.674)	0.255 (2.127)	0.196 (1.295)	0.119 (0.359)	0.047 (0.946)
ind3	0.421 (3.067)	0.390 (2.440)	0.342 (1.486)	0.279 (0.411)	0.220 (1.084)
ln*rev*	0.007 (0.271)	0.012 (0.216)	0.021 (0.131)	0.032 (0.036)	0.043 (0.096)
sci	−1.197 (10.668)	−1.095 (8.486)	−0.939 (5.168)	−0.734 (1.430)	−0.545 (3.772)
edu	0.277 (1.508)	0.261 (1.199)	0.236 (0.730)	0.203 (0.202)	0.173 (0.533)
ln*sales*	−0.013 (0.363)	−0.018 (0.289)	−0.026 (0.176)	−0.037 (0.049)	−0.047 (0.129)
ln*open*	0.002 (0.035)	0.002 (0.028)	0.003 (0.017)	0.004 (0.005)	0.005 (0.012)
N	176	176	176	176	176

注: ***、**和*分别表示1%、5%和10%的显著性水平；表中括号内是标准误。

8.2.3 接近中心度的影响因素：基准回归

对接近中心度影响因素进行固定效应的面板分位数回归，估计结果见表8.4。在接近中心度水平的25%、50%和75%分位点上经济发展水平变量 ln*rgdp* 的回归系数均显著为正，与对点度中心度的影响相一致，经济发展水平的提高对接近中心度的提升有积极影响，使得地区建立更为紧密的协同创新关系。经济增长变量 *gdpg* 的回归系数在10%、25%、50%和75%分位点上均显著为正，表明经济增长越快的地区与其他地区的协同创新关系越密切。协同创新是实现经济高质量的重要途径，地区在经济增长过程中需要以协同创新为支撑，积极与邻近地区建立紧密的协同创新关系。

表 8.4　接近中心度影响因素的基准回归结果

变量	QR_10	QR_25	QR_50	QR_75	QR_90
ln$rgdp$	0.180 (0.177)	0.188* (0.109)	0.195** (0.083)	0.202* (0.113)	0.207 (0.153)
$gdpg$	0.007** (0.003)	0.006*** (0.002)	0.005*** (0.002)	0.004* (0.002)	0.003 (0.003)
$ind2$	0.165 (0.800)	−0.016 (0.492)	−0.164 (0.375)	−0.327 (0.511)	−0.435 (0.691)
$ind3$	0.253 (0.847)	0.065 (0.521)	−0.089 (0.397)	−0.259 (0.542)	−0.371 (0.732)
lnrev	−0.112 (0.072)	−0.121*** (0.044)	−0.128*** (0.034)	−0.136*** (0.046)	−0.142** (0.062)
sci	−1.237 (2.569)	0.012 (1.589)	1.034 (1.214)	2.160 (1.640)	2.906 (2.232)
edu	−0.010 (0.341)	−0.077 (0.210)	−0.132 (0.160)	−0.192 (0.218)	−0.232 (0.295)
ln$sales$	0.161 (0.107)	0.162** (0.066)	0.163*** (0.050)	0.164** (0.069)	0.164* (0.093)
ln$open$	0.021* (0.011)	0.018*** (0.007)	0.016*** (0.005)	0.013* (0.007)	0.012 (0.010)
N	176	176	176	176	176

注：***、**和*分别表示1%、5%和10%的显著性水平；表中括号内是标准误。

地方财政收入变量 lnrev 的回归系数在25%、50%、75%和90%分位点上均显著为负，与对点度中心度的影响相一致，地区财政收入的增长会对接近中心度的提升产生消极影响，不利于地区间建立紧密的协同创新关系。市场规模水平变量 ln$sales$ 的回归系数在25%、50%、75%和90%分位点上均显著为正，表明地区市场规模的扩大对接近中心度的提升会产生积极影响，使得地区间的协同创新关系更为紧密。对外开放水平变量 ln$open$ 的回归系数在10%、25%、50%、75%分位点显著为正，表明对外开放程度的提高对接近中心度的提升会产生积极影响，增加协同创新关系的深度。在解释变量中，第二产业比重 $ind2$、第三产业比重 $ind3$、科学技术支出比重 sci 与教育支出比重 edu 的回归系数未通过显著性检验，并未对接近中心度的提升产生显著影响。

图 8.2 直观呈现了接近中心度影响因素的分位数回归系数的变化情况。可以看出，在接近中心度水平的不同分位点上，经济发展变量 lnrgdp 对协同创新关系深度的正向影响、地方财政收入变量 lnrev 对协同创新关系深度的负向影响以及市场规模变量 lnsales 对协同创新关系深度的正向影响均较为平稳，未出现太大的波动。随着分位点的提高，经济增长变量 gdpg 对协同创新关系深度的正向影响，以及对外开放变量 lnopen 对协同创新关系深度的正向影响逐渐削弱直至不显著。

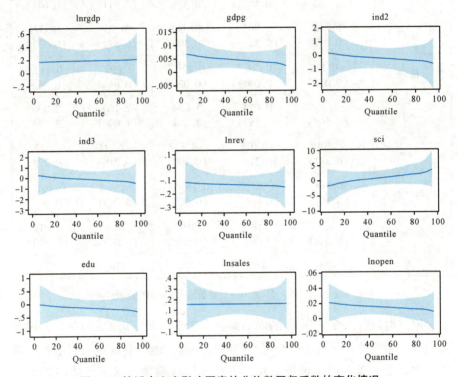

图 8.2　接近中心度影响因素的分位数回归系数的变化情况

8.3　面板分位数回归的稳健性检验结果

8.3.1　点度中心度的影响因素：稳健性检验

为检验上述回归结果的稳健性，本书替换解释变量衡量方式进行稳健性检验。上文地方财政收入变量、市场规模变量与对外开放变量均采用取

自然对数的方式，将其替换为占地区生产总值的相对比重，分别为 *rev* 、
sales 和 *open* ，检验其在不同分位点上对点度中心度的影响。固定效应面板
分位数估计结果见表8.5。地方财政收入变量 *rev* 的回归系数在10%、25%
和50%分位点仍显著为负，市场规模变量 ln*sales* 与对外开放变量 *open* 的回
归系数均未通过显著性检验。在其他解释变量中，与表8.2的回归结果相
一致，经济发展水平变量 ln*rgdp* 的回归系数显著为正，且在不同分位点上
回归系数值的大小未发生太大的波动。随着分位点的提高，第二产业比重
*ind*2 对点度中心度的负向影响逐渐削弱直至不显著。科学技术支出比重 *sci*
的正向影响随着地区点度中心度的提升而逐渐消失，而教育支出比重 *edu*
的贡献则随着点度中心度的提升而增强。经济增长变量 *gdpg* 、第三产业比
重 *ind*3 的回归系数未通过显著性检验。这表明研究结论具有较强的稳健性。

表8.5　点度中心度影响因素的稳健性检验结果：替换变量衡量方式

变量	QR_10	QR_25	QR_50	QR_75	QR_90
ln*rgdp*	0.291 *** (0.074)	0.288 *** (0.056)	0.283 *** (0.042)	0.279 *** (0.059)	0.276 *** (0.077)
gdpg	0.002 (0.003)	0.002 (0.002)	0.002 (0.002)	0.002 (0.002)	0.003 (0.003)
*ind*2	−1.150 * (0.655)	−1.105 ** (0.495)	−1.036 *** (0.374)	−0.964 * (0.516)	−0.919 (0.680)
*ind*3	−0.870 (0.740)	−0.775 (0.558)	−0.628 (0.423)	−0.474 (0.582)	−0.380 (0.767)
rev	−1.871 * (1.120)	−1.734 ** (0.845)	−1.521 ** (0.640)	−1.300 (0.881)	−1.164 (1.162)
sci	2.199 (1.416)	1.808 * (1.069)	1.202 (0.817)	0.572 (1.115)	0.184 (1.464)
edu	0.068 (0.370)	0.181 (0.279)	0.356 * (0.214)	0.537 * (0.291)	0.649 * (0.382)
sales	−0.237 (0.317)	−0.187 (0.240)	−0.109 (0.182)	−0.028 (0.250)	0.022 (0.329)
open	0.191 (0.203)	0.116 (0.153)	−0.00 (0.118)	−0.122 (0.160)	−0.196 (0.209)
N	176	176	176	176	176

注：*** 、** 和 * 分别表示1%、5%和10%的显著性水平；表中括号内是标准误。

替换变量衡量方式后，点度中心度影响因素的分位数回归系数的变化情况具体见图8.3。

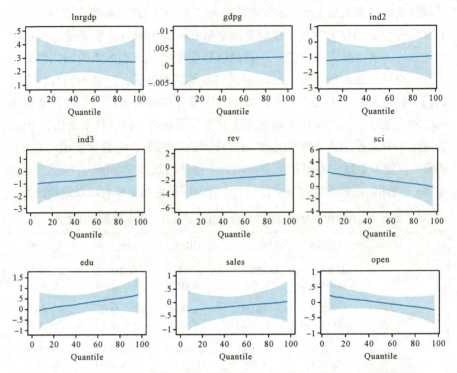

图8.3　点度中心度影响因素的分位数回归系数的变化情况：稳健性检验

8.3.2　接近中心度的影响因素：稳健性检验

将地方财政收入变量、市场规模变量与对外开放变量的衡量方式替换为占地区生产总值的相对比重，检验其在不同分位点上对接近中心度的影响，估计结果见表8.6。替换市场规模变量和对外开放程度变量的衡量方式后，市场规模变量和对外开放程度变量的回归系数未通过显著性检验，这可能与在模型中已控制了地区生产总值情况有关。但在其他解释变量中，地方财政收入变量的回归系数在25%、50%、75%和90%分位点上仍显著为负，经济发展水平变量的回归系数在接近中心度不同分位点上仍显著为正，经济增长率变量的回归系数在10%、25%、50%和75%分位点上仍显著为正。再次表明本书的研究结论具有较强的稳健性。

表 8.6　接近中心度影响因素的稳健性检验结果：替换变量衡量方式

变量	QR_10	QR_25	QR_50	QR_75	QR_90
lnrgdp	0.338 *** (0.092)	0.320 *** (0.061)	0.299 *** (0.043)	0.283 *** (0.051)	0.264 *** (0.078)
gdpg	0.009 ** (0.004)	0.008 *** (0.002)	0.006 *** (0.002)	0.005 ** (0.002)	0.004 (0.003)
ind2	0.101 (0.827)	−0.027 (0.553)	−0.167 (0.384)	−0.276 (0.459)	−0.404 (0.703)
ind3	−0.108 (0.861)	−0.168 (0.576)	−0.235 (0.400)	−0.286 (0.478)	−0.347 (0.731)
rev	−1.640 (1.344)	−1.788 ** (0.899)	−1.952 *** (0.624)	−2.079 *** (0.746)	−2.228 * (1.141)
sci	−0.963 (2.508)	−0.053 (1.681)	0.955 (1.174)	1.731 (1.398)	2.646 (2.130)
edu	−0.343 (0.366)	−0.303 (0.245)	−0.259 (0.170)	−0.225 (0.203)	−0.185 (0.311)
sales	0.345 (0.321)	0.312 (0.215)	0.275 * (0.149)	0.246 (0.178)	0.213 (0.272)
open	0.224 (0.293)	0.164 (0.196)	0.097 (0.137)	0.045 (0.163)	−0.016 (0.249)
N	176	176	176	176	176

注：*** 、** 和 * 分别表示 1%、5% 和 10% 的显著性水平；表中括号内是标准误。

替换变量衡量方式后，接近中心度影响因素的分位数回归系数的变化情况具体见图 8.4。

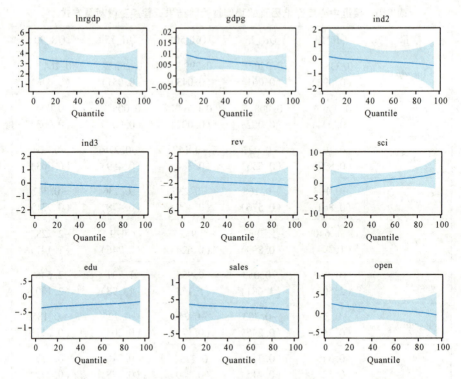

图 8.4　接近中心度影响因素的分位数回归系数的变化情况：稳健性检验

8.4　小结

在利用 2010—2020 年成渝地区双城经济圈联合申请专利数据构建协同创新主体所在地区网络的基础上，本书采用固定效应面板分位数回归方法，检验地区协同创新参与度的影响因素。

（1）针对点度中心度影响因素的实证分析，发现：一是经济发展水平的提高有助于推动地区积极参与协同创新，建立广泛的协同创新关系，且在点度中心度的不同分位点上，经济发展对协同创新关系广度的正向影响较为平稳。二是第二产业占比的提高对地区协同创新具有消极影响，使得地区建立的协同创新关系更为集中，但随着分位点的提高，第二产业比重的负向影响逐渐削弱直至不显著。三是地方财政收入的提高对地区协同创新具有消极影响，使得地区建立的协同创新关系更为集中，且在点度中心度的不同分位点上地方财政收入对协同创新关系广度的负向影响较为平稳。四是科学技术支出和教育支出的提升均有助于推动地区积极参与协同创新，建立广泛的协同创新关系。科学技术对协同创新关系广度的影响随着地区点度中心度的提升而逐渐减弱，而教育的贡献则随着点度中心度的提升而增强，协同创新水平高的地区更需要教育的支撑。

（2）针对中间中心度影响因素的实证分析，发现：成渝地区双城经济圈协同创新主体所在地区网络呈现出明显的中心－外围特征，成都和重庆具有一定的中间中心度，其他地区的中间中心度则为0。样本中间中心度分布使得模型各变量的估计系数均未通过显著性检验。现阶段，重庆、成都作为超大城市，在成渝地区双城经济圈协同创新网络中具有较强的控制力，而其他地区在网络中则没有能力控制或支配其他城市。

（3）针对接近中心度影响因素的实证分析，发现：一是经济发展水平的提高有助于推动地区积极参与协同创新，建立更为紧密的协同创新关系，且在接近中心度的不同分位点上经济发展对协同创新关系深度的正向影响较为平稳。二是经济增长率的提升有助于推动地区建立更为紧密的协同创新关系，但随着分位点的提高，经济增长的正向影响逐渐削弱直至不显著。三是地方财政收入的提高对协同创新关系深度具有消极影响，且在接近中心度的不同分位点上，地方财政收入对协同创新关系深度的负向影响较为平稳。四是地区市场规模的扩大会对协同创新关系深度产生正向影响，使得地区间的协同创新关系更为紧密，且该正向影响在接近中心度的不同分位点上较为平稳。五是对外开放程度的提高会对协同创新关系深度产生正向影响，增加协同创新关系的深度，但随着分位点的提高，对外开放的正向影响逐渐削弱直至不显著。

9 优化成渝地区双城经济圈协同创新网络的政策研究

9.1 成渝地区双城经济圈协同创新政策现状

9.1.1 协同创新政策要求

2020 年 10 月 16 日，中共中央政治局会议审议了《成渝地区双城经济圈建设规划纲要》（以下简称《纲要》）。《纲要》明确提出，要使成渝地区成为具有全国影响力的重要经济中心、科技创新中心、改革开放新高地、高品质生活宜居地。共建具有全国影响力的科技创新中心成为中央赋予成渝地区的一项重点任务，强调要从建设成渝综合性科学中心、优化创新空间布局、提升协同创新能力、营造鼓励创新的政策环境四个方面发力。

新时代立足新发展阶段、贯彻新发展理念、构建新发展格局，深入实施创新驱动发展战略，协同创新的重要性进一步显现，这也对成渝地区双城经济圈协同创新提出了更高的要求。2020 年 3 月发布的《中共中央 国务院关于构建更加完善的要素市场化配置体制机制的意见》，强调要破除阻碍要素自由流动的体制机制障碍，健全要素市场运行机制，提出了在健全职务科技成果产权制度、完善科技创新资源配置方式、培育发展技术转移机构和技术经理人、促进技术要素与资本要素融合发展、支持国际科技创新合作五个方面加快发展技术要素市场的措施。2022 年 3 月中共中央、国务院颁布的《中共中央 国务院关于加快建设全国统一大市场的意见》，再次强调要发挥超大规模市场具有丰富应用场景和放大创新收益的优势，通过市场需求引导创新资源有效配置，促进创新要素有序流动和合理配置，完善促进自主创新成果市场化应用的体制机制，支撑科技创新和新兴产业发展。

2021 年 3 月发布的《国民经济和社会发展第十四个五年规划和 2035 年远景目标纲要》强调，推动产业链上中下游、大中小企业融通创新。2021 年 12 月，工业和信息化部等 19 部门联合发布《"十四五"促进中小企业发展规划》，对"加速产学研协同、大中小企业融通创新"做了具体部署。2022 年 5 月，工业和信息化部等 11 部门印发《关于开展"携手行动"促进大中小企业融通创新（2022—2025 年）的通知》，提出推动大中小企业融通创新的新目标、新任务、新举措，强调要促进大中小企业创新链、产业链、供应链、数据链、资金链、服务链、人才链全面融通，着力构建大中小企业相互依存、相互促进的企业发展生态。2022 年 6 月，教育部办公厅、工业和信息化部办公厅、国家知识产权局办公室联合发布《关于组织开展"千校万企"协同创新伙伴行动的通知》，提出"推动高校与龙头企业、中小企业加强产学研合作，最大程度发挥高校作为基础研究主力军、重大科技突破策源地和企业作为创新主体的协同效应，分工协作、优势互补、协同创新"。2022 年 8 月，科技部、财政部印发《企业技术创新能力提升行动方案（2022—2023 年）》，再次强调要"加强产学研用和大中小企业融通创新"。

9.1.2 协同创新相关政策

自成渝地区双城经济圈建设启动以来，重庆、四川两省市各级各部门围绕协同发展达成了一揽子合作协议。2020 年 7 月，重庆、四川两省市人大常委会在重庆签订《关于协同助力成渝地区双城经济圈建设的合作协议》，在加强协同立法、联动开展监督、协同开展代表活动、强化人大制度理论与实践研讨四个方面全面对接，通力协作。2021 年 12 月印发的《重庆四川两省市贯彻落实〈成渝地区双城经济圈建设规划纲要〉联合实施方案》，为共建具有全国影响力的科技创新中心，从"建设成渝综合性科学中心、共建西部科学城、提升协同创新能力、构建充满活力的创新生态"方面做了具体部署。

2020 年 4 月，《重庆高新区 成都高新区"双区联动"共建具有全国影响力的科技创新中心战略合作协议》签署。该协议明确"六个一"重点任务，即共建"一城"，以"一城多园"模式合作共建中国西部科学城；共建"一廊"，增强协同创新能力，共建成渝科创走廊；共建"一高地"，推进优势产业合作，共建全国新经济示范高地；共建"一区"，推动科技成果转化，共建西部创新创业引领区；共建"一港"，加强国际科技合作，共建内陆自贸港；共建"一机制"，积极发挥市场作用，共建要素自由流动机制。2021 年 5 月，成都高新区和重庆高新区正式签署《成渝地区双城经济圈高新技术产业开发区共建协同创新战略联盟框架协议》，以协同、创新、绿色、发展为宗旨，决定共建成渝地区高新技术产业开发区协同创新战略联盟，促进产业发展协同、资源要素协同、政策措施协同、对外开放协同，推动成渝地区协同创新发展。

2020 年 7 月，《重庆市人民政府办公厅 四川省人民政府办公厅关于印发川渝毗邻地区合作共建区域发展功能平台推进方案的通知》发布，川渝将共建 9 个毗邻地区合作平台：一是万达开川渝统筹发展示范区，二是梁平、垫江、达川、大竹、开江、邻水等环明月山地区打造明月山绿色发展示范带，三是城口、宣汉、万源建设革命老区振兴发展示范区，四是广安、渝北共建高滩茨竹新区，五是合川、广安、长寿打造环重庆主城都市区经济协同发展示范区，六是遂宁、潼南建设一体化发展先行区，七是资阳、大足共建文旅融合发展示范区，八是内江、荣昌共建现代农业高新技术产业示范区，九是泸州、永川、江津以跨行政区组团发展模式建设融合发展示范区。2020 年 11 月底 12 月初，重庆、四川两地政府常务会议分别审议通过《川渝高竹新区总体方案》，作为川渝两地的第一个跨省域新区，探索建立成熟的跨区域经济合作管理模式。2021 年 12 月，重庆、四川两省市发展改革委、农业农村部门联合印发《内江荣昌现代农业高新技术产业示范区总体方案》，要求合力打造全国现代农业科技创新重要策源地，为建设成渝现代高效特色农业带提供重要支撑。

2021 年 12 月，《西部（重庆）科学城管委会、西部（成都）科学城管委会共同助推西部科学城建设战略合作协议》在渝签订，明确双方将发挥西部（重庆）科学城、西部（成都）科学城创新平台优势和引领示范作用，增强成渝地区协同创新发展能力，构建区域协同创新体系，推动形成区域科技创新平台共建、资源共享、项目共促、政策共通、成果共享局面。

2021 年 12 月，四川省市场监管局和重庆市市场监管局签订《联合打假保护双城经济圈企业高质量发展合作协议》，强化川渝两地知识产权联合力执法，合力构建川渝知识产权保护格局。

2022 年 6 月，在推动成渝地区双城经济圈建设重庆四川党政联席会议第五次会议上审议了《成渝地区共建"一带一路"科技创新合作区实施方案》。合作区建设聚焦建设"一带一路"科技交往中心、技术转移枢纽、产创融合新高地、协同创新示范区，着力构建以西部（成都）科学城和西部（重庆）科学城为核心，国家自主创新示范区、高新区、经开区和特色产业园区为承载，高等学校、科研院所、国际科技合作基地等为支撑的"一区、两核、多园、众点"的国际科技合作空间布局，协同创新展现新作为。

2023 年 4 月，科技部等印发《关于进一步支持西部科学城加快建设的意见》，以西部（成都）科学城、重庆两江协同创新区、西部（重庆）科学城、中国（绵阳）科技城作为先行启动区，加快形成连片发展态势和集聚发展效应，有力带动成渝地区全面发展，形成定位清晰、优势互补、分工明确的协同创新网络，逐步构建"核心带动、多点支撑、整体协同"的发展态势。

此外，在省级层面也出台了与协同创新相关的政策措施。例如，重庆修订实施了《重庆市科技创新促进条例》《重庆市促进科技成果转化条例》等地方性法规，"财政金融政策 30 条""成果转化 24 条"等系列改革措施和政策文件相继发布实施，激发协同创新活力。

9.1.3 既有协同创新政策评价

对既有成渝地区双城经济圈协同创新政策进行梳理发现，川渝各级政府和相关部门对中央政府的有关政策要求做出积极响应，高度重视成渝地区双城经济圈协同创新问题，出台了具有针对性的政策文件和措施，为协同创新提供了一定的支撑力。但目前，就成渝地区双城经济圈协同创新而言，现有协同创新政策体系仍存在缺乏顶层制度设计，相关政策条款零散分布，要素协同等重点领域的政策不足或缺乏等问题。

成渝地区双城经济圈协同创新政策体系缺乏顶层制度设计。目前，成渝地区双城经济圈协同创新存在的许多问题与缺乏顶层制度设计有关，如区域协同创新创业软环境不够完善、科技创新与产业结合不够紧密、科技教育合作的深度和广度不够等。针对党中央、国务院提出的共建具有全国影响力的科技创新中心的重大决策部署，目前仍未组建成渝地区双城经济圈科技创新中心建设领导小组，尚未出台成渝地区双城经济圈科技创新共同体建设的行动方案或计划。虽然在点、线层面上探讨优化协同创新机制和完善措施，如谋划建设"一带一路"科技创新合作区和国际技术转移交流中心，共同举办"一带一路"科技交流大会。川渝两地共建重点实验室等创新平台9个、联合实施科研项目达到45个，川渝两地共享科研仪器设备已经将近万台（套）。但推进协同创新工作全面提速、整体成势，需要强化成渝地区双城经济圈协同创新顶层制度设计，进行体制机制的构建与完善。

成渝地区双城经济圈协同创新相关政策条款零散分布。既有成渝地区双城经济圈协同创新政策体现在科技部、财政部、工业和信息化部等有关部门制定一些政策文件后，这些文件再由地方政府通过制定实施细则加以落实。一方面，现有相关政策并未按区域协同创新的逻辑体系进行编排，各地方政府对同一份文件的理解和认识并不完全一致，这导致不同政策文本中对同一政策的响应程度存在差异，为了确保政策在地区间的兼容性，政策的协调性、连通性需要进一步提高；另一方面，既有涉及成渝地区双城经济圈协同创新的相关政策条款分散存在于有关部门和地方政府制定的相关文件中，呈现出条块分割的特点，对政策使用者和研究者而言，需要自行对不同的政策文本进行梳理，增加了使用成本。

此外，目前成渝地区双城经济圈仍存在创新资源共享缺乏长效机制、创新人才流动不畅等问题，而现有的协同创新政策体系中缺乏专门的要素协同等重点领域的政策，与之相关的政策条款分散在其他诸多政策文件中。因此，需要通过制定专项政策来弥补，对资源共享、资质互认等提供全方位的支持。

9.2 其他城市群协同创新政策借鉴

9.2.1 京津冀协同创新政策

2015年4月，中共中央政治局会议审议通过了《京津冀协同发展规划纲要》，提出京津冀的整体定位是"以首都为核心的世界级城市群、区域整体协同发展改革引领区、全国创新驱动经济增长新引擎、生态修复环境改善示范区"。突出功能互补、错位发展、相辅相成，北京市、天津市和河北省三省市分别定位。其中，北京市为"全国政治中心、文化中心、国际交往中心、科技创新中心"，天津市为"全国先进制造研发基地、北方国际航运核心区、金融创新运营示范区、改革开放先行区"，河北省为"全国现代商贸物流重要基地、产业转型升级试验区、新型城镇化与城乡统筹示范区、京津冀生态环境支撑区"。其后，《中共北京市委、北京市人民政府关于贯彻〈京津冀协同发展规划纲要〉的意见》《天津市贯彻落实〈京津冀协同发展规划纲要〉实施方案》《中共河北省委、河北省人民政府关于贯彻落实〈京津冀协同发展规划纲要〉的实施意见》相继通过，京津冀三地分别根据《京津冀协同发展规划纲要》做出了本地相关部署落实。

聚焦京津冀协同创新。2014 年 8 月，北京市科委、天津市科委、河北省科技厅签署《京津冀协同创新发展战略研究和基础研究合作框架协议》，加快建立和完善京津冀三地战略对话、信息交流、工作对接、科技资源与成果开放共享的协同机制和长效机制，并在协同创新发展战略研究和基础研究层面进行了具体工作部署。科技部主导下的京津冀协同创新"1+3"联动工作机制日益完善，组建京津冀科技创新协同推进工作小组，有效建立起京津冀三地科技部门定期会晤机制，《建设京津冀协同创新共同体的工作方案（2015—2017 年）》《北京加强全国科技创新中心建设重点任务实施方案（2017—2020 年）》《关于共同推进京津冀协同创新共同体建设合作协议（2018—2020 年）》等一系列文件相继签署，形成梯次有序、分工协作的创新战略布局，部署共建创新要素与资源共享平台、深化细化区域分工与布局、促进京津冀三地高校院所企业协同创新、协同推进重点区域建设等方面的重点任务。

在顶层设计之外，围绕协同创新，北京市、天津市和河北省三省市在细分领域也持续发力。2018 年，《京津冀科技创新券合作协议》签订实施，北京市、天津市和河北省三省市共同推进"胜券在握、资源互通、互利共赢"的创新券区域合作机制，科技创新券互认互通。2020 年 8 月，京津冀三地人才部门共同签署《京津冀公共人才服务协同发展合作协议》，推动京津冀公共人才服务发展实现同城化谋划、联动式合作、协同化发展。此外，河北省出台实施的《河北省高新技术企业跨区域整体搬迁资质认定实施细则》，实现京津冀三地高企资质互认；北京市出台实施的《北京市职称评审管理暂行办法》，实行京津冀职称资格互认。2021 年 5 月，《关于打造京津冀工业互联网协同发展示范区的框架合作协议》正式签署，工业互联网作为新一代信息技术与制造业深度融合的关键基础设施，将重构产业链、价值链、创新链，因此，京津冀三地将围绕转型基础支撑、融合应用提升、富集生态打造等方面开展深度合作。2022 年 4 月，北京市、天津市和河北省三省市正式签订《京津冀知识产权快速协同保护合作备忘录》，构建京津冀知识产权快速协同保护机制，围绕产业企业服务、侵权判定、纠纷调解专家库建设、新领域新业态知识产权保护研究、宣传培训等方面联动发力、互助共享。

9.2.2 长三角协同创新政策

2019 年 12 月，中共中央、国务院印发《长江三角洲区域一体化发展规划纲要》，明确要坚持创新共建，推动科技创新与产业发展深度融合，促进人才流动和科研资源共享，整合区域创新资源，联合开展"卡脖子"关键核心技术攻关，打造区域创新共同体，共同完善技术创新链，形成区域联动、分工协作、协同推进的技术创新体系。为推进长三角科技创新共同体建设，2020 年 12 月科技部公布《长三角科技创新共同体建设发展规划》，提出要从统筹推进科技创新能力建设、联合开展重大科技攻关、协力提升现代化产业技术创新水平等方面来协同提升自主创新能力；从构建一体化科技创新制度框架、促进创新主体高效协同、推动创新资源开放共享和高效配置、联合提升创新创业服务支撑能力、完善区域知识产权战略实施体系等方面来营造开放融合的创新生态环境；从一体化推进创新高地建设、联合推进 G60 科创走廊建设、协力培育沿海沿江创新发展带等方面来聚力打造高质量发展先行区；从共建多层次国际科技合作渠道、协同实施或参与国际大科学计划、加快聚集国际创新资源等方面来共同推进开放创新。

2021 年 12 月，为在更高水平、更广领域共同开展开放创新，加快建成具有全球影响力的长三角科技创新共同体，江苏省、浙江省、安徽省和上海市三省一市科技厅（委）联合发布《关于推进长三角科技创新共同体协同开放创新的实施意见》，部署了共同组建区域国际创新合作联合体、共同建设国际科技合作开放站、共同构筑国际创新人才蓄水池、共同打造国际科创活动会客厅等重点工作。2022 年 8 月，《长三角科技创新共同体联合攻关合作机制》《关于促进长三角科技创新券发展的实施意见》《三省一市共建长三角科技创新共同体行动方案（2022—2025 年）》等系列文件制定出台。《长三角科技创新共同体联合攻关合作机制》以"科创+产业"为引领，推动建立部省（市）协同的组织协调机制、产业创新融合的组织实施机制、绩效创新导向的成果评价机制、多元主体参与的资金投入机制，聚焦集成电路、人工智能、生物医药等重点领域和关键环节，联合突破一批关键核心技术，着力推动重点产业链关键核心技术自主可控。《关于促进长三角科技创新券发展的实施意见》以长三角科技创新券政策实现全域互联互通为目标，提出分类推动、互联互通、提升长三角服务系统效能、建立服务保障体系等重点任务。《三省一市共建长三角科技创新共同体行动方案（2022—2025 年）》以"推进长三角科技创新一体化，提升区域核心竞争力"为主线，着力强化国家战略科技力量、搭建示范引领创新平台、建设大科学基础设施集群实行国家战略科技力量合力培育行动，着力联合开展关键核心技术攻关、强化重点产业科技支撑力、推广科技成果惠民技术实行产业链创新链深度融合协同推动行动，着力构建多主体协作机制、推动科技成果跨区域转移转化、深化创新要素自由流动开放共享、提升创新创业服务能级、深化一体化创新空间布局实行创新创业生态携手共建行动，着力构建多样化国际科技合作渠道、共建共引高水平开放创新合作平台、推进大科学计划和大科学工程实行全球创新网络协同构建行动，着力加强组织领导与统筹协调、建立科研诚信协同机制、建立科技数据治理机制、建立健全跟踪评估与区域研究机制实行协同创新治理体系一体化推进行动。

9.2.3 粤港澳大湾区协同创新政策

2019 年 2 月，中共中央、国务院印发的《粤港澳大湾区发展规划纲要》明确提出，深化粤港澳创新合作，构建开放型融合发展的区域协同创新共同体，集聚国际创新资源，优化创新制度和政策环境，着力提升科技成果转化能力，建设全球科技创新高地和新兴产业重要策源地。2021 年 9 月，中共中央、国务院印发的《横琴粤澳深度合作区建设总体方案》发布，为横琴粤澳深度合作区建设勾勒蓝图，要使琴澳一体化发展水平进一步提升，合作区经济实力和科技竞争力大幅提升。同期印发的《全面深化前海深港现代服务业合作区改革开放方案》提出，要聚焦人工智能、健康医疗、金融科技、智慧城市、物联网、能源新材料等港澳优势领域，促进港澳和内地创新链对接联通。

2019 年 7 月，广东省委、省政府印发《关于贯彻落实〈粤港澳大湾区发展规划纲要〉的实施意见》，在优化区域空间发展格局、建设国际科技创新中心、协同构建具有国际竞争力的现代产业体系、加快形成全面开放新格局和搭建粤港澳合作发展平台等方面提出了与粤港澳大湾区协同创新直接相关的政策措施。具体而言，一是在优化区域空间发展格局方面，发挥极点带动作用，强化轴带支撑功能，优化城市功能布局，促进城乡融合发展，推进区域深度融合发展。二是在建设国际科技创新中心方面，加强创新基础能力建设，强化关键核心技术攻关，深化区域创新体制机制改革，优化区域创新环境，打造高水平科技创新载体和平台。三是在协同构建具有国际竞争力的现代产业体系方面，加快发展先进制造业，加快传统产业转型升级，培育壮大战略性新兴产业，携手港澳建设国际金融枢纽，构建现代服务业体系，大力发展海洋经济。四是在加快形成全面开放新格局方面，打造国际一流的营商环境，加快数字政府建设，高标准建设广东自由贸易试验区，推进投资贸易自由化便利化，促进人员车辆货物往来便利化，打造"一带一路"建设重要支撑区，全面参与国际经济合作。五是在共建粤港澳合作发展平台方面，优化提升深圳前海深港现代服务业合作区功能，打造广州南沙粤港澳全面合作示范区，推进珠海横琴粤港澳深度合作示范，支持深港科技创新合作区建设，支持中新广州知识城建设，支持珠海西部生态新区建设，支持佛山粤港澳合作高端服务示范区建设，支持惠州潼湖生态智慧区建设，支持东莞滨海湾新区建设，支持中山翠亨新区建设，支持江门大广海湾经济区建设，支持肇庆新区建设。同年，成立广东省推进粤港澳大湾区国际科技创新中心建设领导小组，印发了《广东省推进粤港澳大湾区建设三年行动计划（2018—2020 年）》，涉及粤港澳大湾区协同创新的政策措施共计 51 项。

2019 年 1 月，广东省人民政府发布《关于进一步促进科技创新的若干政策措施》，从区域创新、创新主体、创新要素、创新环境等形成 12 条政策超 60 个政策点。其中，最为突出的是围绕粤港澳大湾区国际科技创新中心建设，从突破科技创新体制机制障碍着手，在"人往来、钱过境、税平衡、物流动"等方面加快破题，推动粤港澳三地科技要素高效流动，推进粤港澳三地深度合作、协同创新。例如，在打造高水平科技创新载体方面，提出要以粤港澳大湾区国际科技创新中心建设为契机，联动推进"广州—深圳—香港—澳门"科技创新走廊建设。在人才流动便利化方面，出台了港澳人才享受广东省企业职工基本养老保险延缴政策、允许使用财政资金为其购买商业养老和商业医疗保险等有关政策措施。

此外，各市级层面政府也对粤港澳大湾区协同创新做出了积极响应。例如，2018 年 8 月，广州和佛山两市政府正式签署《深化创新驱动发展战略合作框架协议》，深化拓展广佛同城化，打造珠三角世界级城市群核心区，加快形成紧密融合、协同高效的区域创新格局，服务与支撑粤港澳大湾区世界级城市群的协同发展。2019 年 7 月，河源市人民政府关于印发《河源市加快融入粤港澳大湾区建设 打造粤港澳大湾区国际科技创新中心重要拓展区三年行动计划（2019—2021 年）》，主动对接粤港澳大湾区国际科技创新中心和广深港澳科技创新走廊，将河源市打造成为粤港澳大湾区国际科技创新中心重要拓展区。2020 年 3 月，广州市科学技术局和佛山市科学技术局印发《关于推进广佛科技创新合作的工作方案》，以携手港澳共建国际一流湾区为引领，务实推进广佛科技创新合作，推动粤港澳大湾区经济高质量发展。2020 年 6 月，清远市人民政府关于印发《清远市建设环粤港澳大湾区创新发展先行市三年行动计划（2020—2022 年）》，提出把清远市建设成为环粤港澳大湾区创新发展先行市和粤北生态发展区科技创新示范市。

9.3 成渝地区双城经济圈协同创新政策体系构建

9.3.1 顶层设计

为统筹协调成渝地区双城经济圈协同创新工作，进一步提升一体化发展水平，需要加强协同创新顶层制度设计。

（1）建立成渝地区双城经济圈协同创新联动工作机制，紧紧围绕国家有关成渝地区双城经济圈发展战略规划和整体部署，携手共进，深化合作内容，共同争取国家层面相关支持，共同探索协同创新发展的新经验、新路子。成立成渝地区双城经济圈科技创新中心建设领导小组、成立推动成渝地区双城经济圈科技创新中心建设工作小组，定期召开专项工作组工作调度会议和联席会议，共同研究推动成渝地区双城经济圈协同创新各项重点工作落地落实。

（2）制定签署《关于共同推进成渝地区双城经济圈协同创新共同体建

设合作协议》，进一步明确在建设成渝综合性科学中心、优化创新空间布局、提升协同创新能力、营造鼓励创新的政策环境等方面的合作内容，形成梯次有序、分工协作的创新战略布局。紧扣共建具有全国影响力的科技创新中心，加快建立和完善川渝两地战略对话、信息交流、工作对接、科技资源与成果开放共享的协同机制和长效机制，并在协同创新发展战略研究和基础研究层面进行具体工作部署。

（3）强化成渝地区双城经济圈协同创新政策的系统性、协调性和便利性。要素协同创新政策的核心是提升不同创新主体顺畅对接与协同行动的意愿和能力，引导各类创新要素协同向先进创新生产力集聚，提高创新资源配置效率。空间协同创新政策的核心是打破地方保护和区域壁垒，打造成渝地区一体化技术交易市场，完善区域知识产权快速协同保护机制，优化"一区、两核、多园、众点"的国际科技合作空间布局。产业协同创新政策的核心是大力推进科技和经济发展深度融合，促进产业优势互补、紧密协作、联动发展，形成相对完整的区域产业链供应链体系，培育建设世界级先进制造业集群。

（4）按照"责任管理、稳步推进"原则，健全成渝地区双城经济圈协同创新工作推进跟踪与评估制度。启动建立成渝地区双城经济圈协同创新统计调查制度，川渝两地科技、统计部门共同谋划组织召开联席会议启动定期调查，联合构建成渝地区双城经济圈科技创新智库，实时把握区域协同新趋势、新领域、新机制，发布成渝地区双城经济圈新兴技术和未来产业创新场景研究报告，发布成渝地区双城经济圈协同创新年度报告和协同创新指数。

9.3.2 政策支持

推动成渝地区双城经济圈协同创新必须理顺政府和市场的关系，使"有效市场"和"有为政府"两只手互补优势，坚持市场在资源配置中发挥决定性作用，政府则不断优化发展环境，从而为协同创新提供有力支撑。

（1）构建一体化科技创新制度框架。打破地方保护和市场分割，加快建立统一市场和公平竞争的制度规则，在维护全国统一大市场的前提下，优先开展区域市场一体化建设工作，如打造成渝地区一体化技术交易，推动各地市场的互联互通。加强政策协同、机制协同，强化地区间科技创新政策的对接，不断提高政策的统一性、规则的一致性、执行的协同性。

（2）巩固企业创新主体地位。建立以市场为导向、企业为主体、政策为引导的产学研协同创新机制，巩固竞争政策的基础地位，营造统一开放、竞争有序的市场环境，以竞争促创新，激发企业协同创新的原动力。引导中小微企业专业化、精品化、特色化、创新型发展，与大型企业建立稳定的生产、研发等专业化协作配套关系，不断扩大协同创新主体网络规模，实现可持续的协同创新发展。鼓励大型企业向"专精特新"企业开放创新产品应用场景、仪器设备等资源，围绕创新链、产业链、供应链打造大中小企业协同发展的创新网络，使得更多的创新型领军企业占据网络的中心位置，充分发挥大型企业在网络中的桥梁作用。

（3）推进科技创新资源开放共享。以开放共享、合作共赢的理念整合资源，充分发挥各类资源的作用，通过市场需求引导创新要素有序流动，促进科技资源优化配置和高效利用。完善科技资源开放共享管理制度和开放共享台账，构建实验室、大科学装置、科研仪器和设备、科学数据、科技文献的共享平台和信息互通机制，鼓励不同区域之间的科技信息交流互动。建立一体化人才保障服务标准，实行人才评价标准互认制度，促进科技人才在各省（自治区、直辖市）之间健康有序流动，推动川渝科技专家库共享共用，完善人才交流、合作和共享机制。

（4）协同推进自主创新能力建设。瞄准突破共性关键技术尤其是"卡脖子"技术，在新一代信息技术、人工智能、航空航天、资源环境、量子科技、生物医药、轨道交通、现代农业等领域实施成渝科技创新合作计划，协同开展关键技术攻关。共建共用创业孵化、科技金融、成果转化平台，高标准共建西部科学城。共建川渝创业融资服务平台，支持川渝探索建立区域创新收益共享机制，鼓励设立产业投资、创业投资、股权投资、科技创新、科技成果转化引导基金。

（5）强化创新链产业链协同。促进创新链、产业链深度融合，围绕产业链部署创新链，突出产业发展是科技创新的主要目的，围绕创新链布局产业链，突出产业化是科技创新的落脚点。支持行业骨干企业与高校、科研机构签订战略合作协议，建立联合开发、优势互补、成果共享、风险共担的产学研用合作机制，组建产业技术创新战略联盟，联合承担科技计划、开展技术攻关、制定技术标准、转化科技成果，促进创新要素与生产要素在产业层面的有机衔接。支持创新型领军企业牵头建立创新联合体，推广"定向研发、定向转化、定向服务"研发组织模式，构建产业资源集聚、企业多元互补、创新主体紧密协作的网络。

（6）强化知识产权保护协作。进一步建立科技创新知识产权激励机制，提高知识产权保护能力，完善科技成果转化服务体系，为企业提供精准的技术信息和技术成果对接服务，激励企业与多元化、异质程度高的伙伴开展深度合作，提高协同创新效率。联合开展知识产权保护工作，完善知识产权法院跨区域管辖制度，建立知识产权诉讼与仲裁、调解的对接机制。

9.3.3 组织保障

（1）强化组织领导。把坚持党的集中统一领导贯穿成渝地区双城经济圈科技创新中心建设的全过程，各地区相关部门要健全成渝地区双城经济圈协同创新工作机制和运行机制，完善专家咨询机制，强化省、市、县联动，细化分解工作任务，加强协调调度，确保各项工作落地落实。

（2）优化政策支持。加大对成渝地区双城经济圈协同开放创新的支持力度，更好地发挥财政资金示范引导作用。创新地方财政投入方式，积极探索建立对区域国际科技合作项目、合作载体的共同支持机制，提升财政科技资金使用效率。

（3）强化宣传引导。评估与总结促进协同创新工作绩效和经验做法，择优宣传推介典型经验模式，提升促进协同创新工作水平。创新宣传方式方法，进一步推动深化协同创新理念，凝聚社会共识，营造合力促进大中小企业融通创新、区域协同创新、产业链供应链补链固链强链的良好氛围。

9.4 小结

成渝地区双城经济圈共建具有全国影响力的科技创新中心是党中央、国务院做出的重大决策部署，新时代协同创新的重要性进一步显现，这也对成渝地区双城经济圈协同创新提出了更高的要求。在对既有成渝地区双城经济圈协同创新政策进行梳理后，发现现有协同创新政策体系仍存在缺乏顶层制度设计，相关政策条款零散分布，要素协同等重点领域的政策不足或缺乏等问题。因此,通过借鉴京津冀、长三角、粤港澳大湾区等城市群的协同创新政策,本书探索构建成渝地区双城经济圈协同创新政策体系。一是在顶层制度设计方面,建立成渝地区双城经济圈协同创新联动工作机制,签署《关于共同推进成渝地区双城经济圈协同创新共同体建设合作协议》,强化成渝地区双城经济圈协同创新政策的系统性、协调性和便利性,按照"责任管理、稳步推进"原则,健全成渝地区双城经济圈协同创新工作推进跟踪与评估制度。二是在政策支持方面,要坚持市场在资源配置中发挥决定性作用,政府则不断优化发展环境,从而为协同创新提供有力支撑,包括:构建一体化科技创新制度框架,巩固企业创新主体地位,推进科技创新资源开放共享,协同推进自主创新能力建设,强化创新链产业链协同,强化知识产权保护协作等。三是在组织保障方面,要强化组织领导,优化政策支持和强化宣传引导。

10 研究结论与研究展望

10.1 研究结论

本书在系统梳理协同创新相关研究的基础上，构建成渝地区双城经济圈协同创新网络的理论分析框架，采用社会网络分析方法客观刻画成渝地区双城经济圈协同创新网络的特征事实，并采用 QAP 回归分析、面板分位数模型实证检验协同创新主体网络和协同创新主体所在地区网络的影响因素，进而探索构建优化成渝地区双城经济圈协同创新网络的政策体系。本研究得出如下重要结论：

（1）对成渝地区双城经济圈协同创新网络的理论框架进行分析，发现：一是协同创新网络是一种主体、要素及发生环节共存共生、协同进化的生态系统，创新主体在创新要素的交互作用下沟通、协调、合作与协同，实现价值创造，且协同创新活动必须与外部环境变化相适应。二是采用社会网络分析从整体结构和节点特征两方面来刻画协同创新网络，对整体结构特征进行刻画的参数主要包括网络规模、网络密度、平均最短路径、平均度数、平均聚类系数等，对节点特征进行刻画的参数主要有点度中心度、中间中心度、接近中心度和节点强度等。三是影响协同创新的因素既包括微观层面的创新主体属性特征因素，也包括中观层面的创新主体间关系特征因素，还包括宏观层面的市场、政府等外部环境因素。

（2）对成渝地区双城经济圈创新现状进行分析，发现：一是重庆市 R&D 人员、R&D 人员全时当量虽低于四川省，但具有更高的增长速度。重庆与四川 R&D 经费内部支出、R&D 经费外部支出均呈现逐年扩大趋势。二是整体而言，重庆市规模以上工业企业、研究与开发机构与高等学校的创新投入低于四川，且部分指标具有更低的增长率。三是重庆专利数量低于四川，但具有更高水平的增长率，重庆在国外主要检索工具上收录的科技论文数低于四川，技术市场技术流向重庆的合同金额具有更低的增长率。

（3）对成渝地区双城经济圈联合申请专利情况进行考察，发现：一是成渝地区双城经济圈协同创新发展良好，但联合申请专利增长率波动明显。二是联合申请专利主要集中于成都和重庆，宜宾和绵阳具有相对较高的联合申请专利量，资阳、遂宁、广安等地的协同创新参与度则较低，中心–外围特征突出。三是联合申请专利表现出明显的 IPC 分布差异，其中 G01（测量；测试）、G06（计算；推算或计数）等大类具有较高的联合申请专利量。

（4）采用社会网络分析，将创新主体视为行动者、联合申请专利视为关系，来考察成渝地区双城经济圈协同创新主体网络，发现：一是成渝地区双城经济圈协同创新主体网络规模逐年扩大，协同创新主体网络中，企业主体占比始终高于 70%，处于主导地位。在协同创新过程中，主要表现为两家机构进行专利合作。从具体的产学研合作模式来看，I–I 合作模式占比高居首位，其次为 U–I 合作模式。二是近年来，大量创新主体积极参与协同创新，作为新增节点加入网络，绝大多数创新主体的协同创新伙伴关系数量较少，合作专利数量有限。但网络表现出较好的韧性与自稳定性，其演化是一个渐变的过程。三是协同创新主体网络内部分布不均匀，存在强关系–稠密、弱关系–稀疏、弱关系–稠密、强关系–稀疏等子网络。高校主体占据协同创新网络的中心位置，在网络中发挥重要的桥梁作用。企业是专利合作的主力军，在网络节点中占比最高，但相比于协同创新广度，企业更强调协同创新深度。

（5）采用社会网络分析，将创新主体所在地区视为行动者，联合申请专利视为关系，来考察成渝地区双城经济圈协同创新主体所在地区网络，发现：一是近年来，越来越多的成渝地区双城经济圈所在地的企业、高校和科研机构在与区域外的主体开展协同创新，开放度不断提高。在成渝地区双城经济圈内部，协同创新主体集中于成都、重庆两地，成都协同创新企业主体增长显著。二是协同创新主体所在地区网络的互联互通程度不断提升，同时具有较短的平均路径长度与较高的集聚系数，呈现出小世界网络特征。成都、重庆跨地区协同创新关系最为广泛，其次是绵阳、德阳、宜宾、雅安等地，较多地区与区域外的北京、广东等地开展了协同创新合作。三是协同创新主体所在地区网络表现出明显的中心-外围特征，网络不平衡性并未得到显著改善。成都和重庆具有较高的点度中心度、中间中心度和接近中心度，处于网络的中心位置，对整个网络具有较强的控制力，受个别地区创新活动波动的影响较小。其他地区虽然紧密程度得到提升，但在网络中没有控制能力。

（6）运用QAP回归分析，揭示了地理接近性矩阵与创新主体类型矩阵对成渝地区双城经济圈协同创新主体网络的影响，发现：一是地理邻近性不仅会对协同创新关系的建立与否产生积极影响，而且会影响协同创新关系强度。在本书考察的样本期内，相较于跨区域的协同创新，同一行政区域内部的协同创新具有更大的广度和强度，川渝两地之间的跨区域协同创新并未显著优于川渝两地与外部地区的跨区域协同创新，成渝地区双城经济圈的空间协同创新仍有待进一步推进。二是创新主体类型模式对协同创新具有显著影响，这一回归结论具有较强的稳健性。相较于高校与企业合作模式，高校与高校之间、高校与科研机构之间协同创新的概率更高、强度更大，企业与企业之间、企业与科研机构之间则具有更低的协同创新概率。

（7）运用固定效应面板分位数回归方法，检验成渝地区双城经济圈协同创新主体所在地区网络中节点度的影响因素，发现：一是经济发展水平的提高、科学技术支出和教育支出的提升有助于推动地区建立广泛的协同创新关系，第二产业占比和地方财政收入的提高会使得地区建立的协同创新关系更为集中，在不同分位点上的影响可能存在差异。二是成渝地区双城经济圈协同创新主体所在地区网络呈现出明显的中心-外围特征，成都和重庆具有一定的中间中心度，其他地区的中间中心度则为0。样本中间中心度分布使得模型各变量的估计系数均未通过显著性检验。三是经济发展水平的提高、经济增长率的提升、地区市场规模的扩大以及对外开放程度的提高有助于推动地区建立更为紧密的协同创新关系，而地方财政收入的提高会对协同创新关系深度产生消极影响，在不同分位点上的影响可能存在差异。

（8）构建优化成渝地区双城经济圈协同创新网络的政策体系必须强化顶层制度设计、政策支持和组织保障：一是在顶层制度设计方面，要建立协同创新联动工作机制，制定协同创新共同体建设合作协议，强化协同创新政策的系统性、协调性和便利性，健全协同创新工作推进跟踪与评估制度。二是在政策支持方面，要构建一体化科技创新制度框架，巩固企业创新主体地位，推进科技创新资源开放共享，协同推进自主创新能力建设和创新链产业链协同，强化知识产权保护协作等。三是在组织保障方面，要强化组织领导，优化政策支持和强化宣传引导。

10.2　研究展望

本书采用联合申请专利数据构建成渝地区双城经济圈协同创新网络，对网络结构特征及影响因素展开了分析。联合申请专利作为协同创新活动的直接产出，是衡量协同创新的重要指标。但协同创新还有其他表现形式，比如合著论文、技术交易等。在后续研究中，可以搜集更为详尽的相关数据，对成渝地区双城经济圈协同创新特征事实进行更准确、更充分的刻画。此外，本书聚焦成渝地区双城经济圈，没有探讨其他区域的协同创新情况。在本书研究的基础之上，可以进一步对比分析成渝地区与其他城市群的协同创新网络。

参考文献

安晓明, 2022. "一带一路"数字经济合作的进展、挑战与应对 [J]. 区域
　　经济评论 (4): 123-131.

柏利, 王宇, 陈柏强, 等, 2022. 应用需求视角下的军民科技协同创新网
　　络及信息推送机制 [J]. 科技导报 (7): 100-106.

薄文广, 黄南, 2023. 基于政府合作视角的京津冀协同创新共同体构建研
　　究 [J]. 河北经贸大学学报 (3): 55-62.

蔡翔, 赵娟, 2019. 大学—企业—政府协同创新效率及其影响因素研究
　　[J]. 软科学 (2): 56-60.

曾静婷, 王雯婧, 2020. 科研竞争力视角下中国与中亚五国的科技合作研
　　究 [J]. 科技管理研究 (4): 48-60.

曾龙基, 秦颖, 邓娅娟, 等, 2022. 成渝地区专利技术双向流动网络特征、
　　演化及启示 [J]. 科技进步与对策 (3): 50-58.

常路, 汪旭立, 符正平, 2019. 高校及科研院所机构协同创新绩效的影响
　　因素研究: 基于社会网络的视角 [J]. 科技管理研究 (14): 100-108.

陈芳, 眭纪刚, 2015. 新兴产业协同创新与演化研究: 新能源汽车为例
　　[J]. 科研管理 (1): 26-33.

陈光华, 王烨, 杨国梁, 2015. 地理距离阻碍跨区域产学研合作绩效了吗?
　　[J]. 科学学研究 (1): 76-82.

陈红军, 谢富纪, 2021. 京津冀产学协同创新绩效影响因素分析: 基于多
　　维邻近性视角 [J]. 技术经济 (10): 108-118.

陈瑾宇, 张娟, 2023. 兰西城市群协同创新网络的结构洞与中间人研究
　　[J]. 工业技术经济 (7): 102-112.

陈劲, 阳银娟, 2012. 协同创新的理论基础与内涵 [J]. 科学学研究 (2):

161-164.

陈欣，2020. 共建"一带一路"国家科技合作网络演化研究［J］. 科学学研究（10）：1811-1817，1857.

陈之常，马亚东，2022. 中国城市更新对居民幸福感的影响研究：基于遗传算法投影寻踪和面板空间分位数模型［J］. 管理评论（8）：43-53.

程跃，钟雨珊，陈婷，2023. 协同创新网络成员和知识多样性对区域创新绩效的影响研究：基于网络结构的调节作用［J］. 创新科技（6）：66-78.

崔志新，陈耀，2019. 区域技术创新协同的影响因素研究：基于京津冀和长三角区域面板数据的实证分析［J］. 经济与管理（3）：1-8.

戴靓，丁子军，曹湛，等，2023. 长三角地区城市协同创新网络的演化特征及其驱动力［J］. 资源科学（5）：1006-1019.

戴靓，纪宇凡，王嵩，等，2022. 中国城市知识创新网络的演化特征及其邻近性机制［J］. 资源科学（7）：1494-1505.

戴年红，2023. 创新生态视角下我国产学研协同创新机制优化研究［J］. 产业创新研究（10）：187-189.

邓渝，邵云飞，2015. 多层次创新网络协同治理研究：结构、机制与知识收益［J］. 科技进步与对策（20）：18-22.

范建红，费玉婷，陈怀超，2019. 煤炭企业产学研创新系统的协同度研究［J］. 科技管理研究39（9）：179-185.

范群林，邵云飞，尹守军，2014. 企业内外部协同创新网络形成机制：基于中国东方汽轮机有限公司的案例研究［J］. 科学学研究（10）：1569-1579.

封晓茹，许洪彬，贠涛，等，2020. 港澳地区参与"一带一路"科技创新合作的研究［J］. 科技管理研究（17）：45-52.

高珺，余翔，2021. 中国与"一带一路"国家专利合作特征与技术态势研究［J］. 中国科技论坛（7）：169-178.

高少冲，丁荣贵，2018. 首席专家项目匹配度、组织网络特征与协同创新绩效［J］. 科学学研究（9）：1615-1622.

高霞，陈凯华，2015. 合作创新网络结构演化特征的复杂网络分析［J］. 科研管理（6）：28-36.

龚勤林，宋明蔚，韩腾飞，2022. 成渝地区双城经济圈协同创新水平测度及空间联系网络演化研究［J］. 软科学（5）：28-37.

郭建杰,谢富纪,2021. 基于 ERGM 的协同创新网络形成影响因素实证研究 [J]. 管理学报 (1): 91-98.

韩周,秦远建,王苕祥,2016. 中国企业协同创新网络治理研究 [J]. 科学管理研究 (1): 75-78.

何寿奎,王俊宇,2022. 政府引导下的科学城政产学研协同创新合作策略演化博弈研究 [J]. 科技与经济 (4): 21-25.

何郁冰,伍静,2020. 企业生态位对跨组织技术协同创新的影响研究 [J]. 科学学研究 (6): 1108-1120.

何中兵,史婕,布雨欣,2022. 物联集群企业协同创新力双因素影响效应研究 [J]. 科技进步与对策 (16): 114-122.

侯二秀,石晶,2015. 企业协同创新的动力机制研究综述 [J]. 中国管理科学 (S1): 711-717.

侯光明,景睿,石秀,2021. 中国新能源汽车企业协同创新模式的创新绩效及作用路径研究 [J]. 技术经济 (11): 13-22.

侯光文,薛惠锋,2017. 集群网络关系、知识获取与协同创新绩效 [J]. 科研管理 (4): 1-9.

胡恩华,刘洪,2007. 基于协同创新的集群创新企业与群外环境关系研究 [J]. 科学管理研究 (3): 23-26.

胡红安,刘丽娟,2015. 我国军民融合产业创新协同度实证分析:以航空航天制造产业为例 [J]. 科技进步与对策 (3): 121-126.

胡平,卢磊,王瑶,2016. 协同创新的网络特征与结构分析:以北京市协同创新中心为例 [J]. 科学学与科学技术管理 (2): 70-78.

胡双钰,吴和成,2021. 邻近视角下跨区域产学协同创新的影响因素研究 [J]. 科技管理研究 (11): 139-147.

黄菁菁,2017. 产学研协同创新效率及其影响因素研究 [J]. 软科学 (5): 38-42.

黄晓东,杜德斌,覃雄合,等,2022. "一带一路"沿线跨境技术并购网络格局演化特征:以高科技企业标的为例 [J]. 地理研究 (5): 1352-1370.

姜彤彤,吴修国,2017. 产学研协同创新效率评价及影响因素分析 [J]. 统计与决策 (14): 72-75.

蒋洪波,周扬眉,张怀江,等,2023. 建设重庆"一带一路"国际科技创新合作线上社区初探 [J]. 科学咨询 (科技·管理) (1): 1-3.

蒋兴华，2018. 高校协同创新绩效影响因素研究［J］. 研究与发展管理
　　（6）：138-143.

焦智博，刘洪德，郭喆，2018. 不同空间尺度下装备制造业协同创新及影
　　响因素研究：以黑龙江省为例［J］. 经济体制改革（4）：132-138.

解学梅，刘丝雨，2015. 协同创新模式对协同效应与创新绩效的影响机理
　　［J］. 管理科学（2）：27-39.

解学梅，左蕾蕾，2013. 企业协同创新网络特征与创新绩效：基于知识吸
　　收能力的中介效应研究［J］. 南开管理评论（3）：47-56.

解志韬，孔繁翀，谢楠，2021. 长三角"双一流"高校协同创新时空演进：
　　基于合作授权专利的社会网络分析［J］. 研究与发展管理（5）：149-160.

金卓，杨若愚，2017. 中国与共建"一带一路"国家科技合作中高影响力
　　文献特征研究：基于 ESI 数据库高被引论文的计量分析［J］. 科技管理
　　研究（20）：14-20.

雷筱娱，2019. 湖南与共建"一带一路"国家科技创新合作现状及对策研
　　究［J］. 企业技术开发（4）：26-29，33.

李柏洲，王雪，苏屹，等，2021. 我国战略性新兴产业间供应链企业协同
　　创新演化博弈研究［J］. 中国管理科学（8）：136-147.

李德山，张郑秋，2020. 环境规制对城市绿色全要素生产率的影响［J］.
　　北京理工大学学报（社会科学版）（4）：39-48.

李犟，吴和成，2020. 区域高校协同创新效率研究：基于 Bootstrap-SE-
　　DEA 模型［J］. 科技管理研究（14）：84-90.

李林威，刘帮成，2022. 区域协同发展政策能否提升城市创新水平？：基于
　　粤港澳大湾区的准自然实验［J］. 经济问题探索（10）：77-93.

李梅，毛维娜，毛卫南，2022. 加快提升京津冀城市群协同创新网络治理
　　能力的对策建议［J］. 安徽科技（2）：25-28.

李守亮，王学良，2023. 珠江—西江经济带协同创新体系协同度测度及评
　　价［J］. 沿海企业与科技（2）：31-38.

李巍，花冰倩，2016. 合作博弈框架下产学研协同创新的利益分配策略研
　　究：社会网络分析视角［J］. 商业研究（9）：39-45.

李昀臻，2023. "一带一路"背景下中国与巴西数字经济合作研究［J］. 经
　　济研究导刊（11）：54-56.

连晓晓，姚立根，姚一娴，等，2023. 高新技术企业协同创新绩效评价研

究：基于主观、客观权重组合赋权的视角 [J]. 数学的实践与认识
(5)：251-262.

廉军伟，曾刚，2021. 科创飞地嵌入区域协同创新网络的运行机理：以浙
江新昌县为例 [J]. 科技管理研究 (16)：1-8.

林南，2005. 社会资本：关于社会结构与行动的理论 [M]. 张磊，译. 上
海：上海人民出版社.

刘丹，闫长乐，2013. 协同创新网络结构与机理研究 [J]. 管理世界
(12)：1-4.

刘凡丰，董金华，李成明，2012. 高校产业技术研究院的网络交流机制
[J]. 清华大学教育研究 33 (4)：47-53.

刘军，2004. 社会网络分析导论 [M]. 北京：社会科学文献出版社.

刘敏，薛伟贤，何黎松，2020. "一带一路" 跨国技术溢出网络空间演化与
路径识别：加权复杂网络分析视角 [J]. 科技进步与对策 (23)：46-53.

刘文霞，杨杰，2019. 服务外包情境下企业间信任对协同创新绩效的影响
研究 [J]. 软科学 (12)：53-59.

刘亚婕，董锋，2022. 政府参与下新能源汽车企业间协同创新的竞合策略
研究 [J]. 研究与发展管理 (5)：136-148.

刘窈君，杨艳萍，2022. 中国粮食产业产学研合作网络的结构特征与动态
演化 [J]. 华中农业大学学报（社会科学版）(4)：62-75.

刘一新，张卓，2020. 政府资助对产学研协同创新绩效的影响：来自江苏
省数据 [J]. 科技管理研究 (10)：42-47.

刘玉莲，张峥，2019. 我国高技术产业协同创新系统协同度实证研究 [J].
科技管理研究 (19)：183-189.

刘志华，李林，姜郁文，2014. 我国区域科技协同创新绩效评价模型及实
证研究 [J]. 管理学报 (6)：861-868.

刘志迎，沈磊，冷宗阳，2020. 企业协同创新实证研究：竞争者协同创新
的影响 [J]. 科研管理 (5)：89-98.

鲁继通，2015. 京津冀区域协同创新能力测度与评价：基于复合系统协同
度模型 [J]. 科技管理研究 (24)：165-170，176.

罗琳，魏奇锋，顾新，2017. 产学研协同创新的知识协同影响因素实证研
究 [J]. 科学学研究 (10)：1567-1577.

吕丹，王等，2020. "成渝城市群" 创新网络结构特征演化及其协同创新发

展 [J]. 中国软科学 (11)：154-161.

马辉，王素贞，黄梦娇，2018. 基于社会网络分析的建筑产业联盟协同创新影响因素分析：以京津冀地区为例 [J]. 科技管理研究 (15)：170-176.

马丽丽，吴跃伟，周伯柱，等，2018. 我国各省市共建"一带一路"国家科技合作态势研究 [J]. 科技促进发展 (8)：701-710.

马小凡，王有远，刘祎凡，2023. 多维邻近性对航空制造业产业集群协同创新的影响：以江西省为例 [J]. 科技和产业 (6)：50-54.

马歆，高煜昕，李俊朋，2021. 中国碳排放结构信息熵空间网络关联及影响因素研究 [J]. 软科学 (7)：25-30，37.

潘春苗，母爱英，翟文，2022. 中国三大城市群协同创新网络结构与空间特征：基于京津冀、长三角城市群和粤港澳大湾区的对比分析 [J]. 经济体制改革 (2)：50-58.

彭本红，王雪娇，2021. 网络嵌入、架构创新与军民融合协同创新绩效 [J]. 科研管理42 (7)：116-125.

邱洪全，2021. 多元协同视角下应急科研协同创新机制与动态评价：以重大疫情为例 [J]. 科技管理研究 (2)：38-44.

任南，鲁丽军，何梦娇，2018. 大数据分析能力、协同创新能力与协同创新绩效 [J]. 中国科技论坛 (6)：59-66.

宋潇，2021. 成渝双城经济圈区域合作创新特征与网络结构演化 [J]. 软科学 (4)：61-67.

宋旭光，赵雨涵，2018. 中国区域创新空间关联及其影响因素研究 [J]. 数量经济技术经济研究 (7)：22-40.

苏屹，曹铮，2022. 新能源汽车协同创新网络结构及影响因素研究 [J]. 科学学研究 (6)：1128-1142.

苏屹，曹铮，2023. 京津冀区域协同创新网络演化及影响因素研究 [J]. 科研管理 (3)：43-55.

孙天阳，成丽红，2019. 中国协同创新网络的结构特征及格局演化研究 [J]. 科学学研究 (8)：1498-1505.

孙振清，李欢欢，刘保留，2021. 中国东部沿海四大城市群协同创新效率综合测度及影响因素研究 [J]. 科技进步与对策 (2)：47-55.

索超，2018. 基于云模型的军民融合企业科技协同创新机制评价研究 [J]. 科技管理研究 (9)：1-8.

索琪，王梓豪，王文哲. 电子信息产业协同创新网络时空演化分析 [J].
　　复杂系统与复杂性科学 (4)：40-46.

谭清美，赵真，2022. 军民融合产业协同创新网络运行机制研究：基于行
　　动者网络理论的视角 [J]. 南京航空航天大学学报（社会科学版）(1)：
　　84-90, 107.

唐厚兴，梁威，2019. 市场因素对企业间协同创新知识共享意愿影响研究
　　[J]. 科技管理研究 (24)：128-135.

田锐，郭彬，2023. 煤炭资源城市协同创新网络演化特征及影响因素研究：
　　以山西省为例 [J]. 煤炭经济研究 (3)：78-84.

王德润，屈昊，2020. 构建"一带一路"倡议下长三角区域对外科技合作
　　共同体的对策思路 [J]. 安徽科技 (8)：8-10.

王海花，孙芹，杜梅，等，2020. 长三角城市群协同创新网络演化及形成
　　机制研究：依存型多层网络视角 [J]. 科技进步与对策 (9)：69-78.

王海花，孙芹，杜梅，等，2023. 长三角城市群协同创新网络对协同创新
　　绩效的影响研究 [J]. 科研管理 (3)：19-32.

王海花，王蒙怡，刘钊成，2022. 跨区域产学协同创新绩效的影响因素研
　　究：依存型多层网络视角 [J]. 科研管理 (2)：81-89.

王海军，冯军政，2017. 生态型产学研用协同创新网络构建与机制研究：
　　模块化视角 [J]. 软科学 (9)：35-39.

王金凤，朱雅婕，冯立杰，等，2023. 基于 Meta 分析的供应链网络嵌入性
　　与协同创新绩效关系研究 [J]. 技术经济 (6)：47-59.

王磊，丁荣贵，钱琛，等，2016. 两类工业研究院协同创新项目治理比较：
　　社会网络分析方法的研究 [J]. 科技进步与对策 (12)：1-7.

王明益，陈林，张中意，等，2023. 自由贸易试验区的协同创新网络效应：
　　空间断点与地理识别 [J]. 世界经济 (3)：94-124.

王圣云，王振翰，姚行仁，2021. 中国区域创新能力测度与协同创新网络
　　结构分析 [J]. 长江流域资源与环境 (10)：2311-2324.

王腾，关忠诚，郑海军，2023. 政府干预下的创新联盟协同行为演化博弈
　　分析：基于联盟分类视角 [J]. 技术经济 (3)：102-113.

王婉娟，危怀安，2016. 协同创新能力评价指标体系构建：基于国家重点
　　实验室的实证研究 [J]. 科学学研究 (3)：471-480.

王小华，杨玉琪，罗新雨，等，2022. 中国经济高质量发展的空间关联网

络及其作用机制［J］.地理学报（8）：1920-1936.

王宇，2020.江苏"一带一路"创新合作与技术转移的实践与思考［J］.科技管理研究，（7）：104-109.

王峥，龚轶，2018.创新共同体：概念、框架与模式［J］.科学学研究（1）：140-148，175.

魏云凤，阮平南，2018.企业创新网络协同的影响因素及形成路径研究［J］.技术与创新管理（4）：359-364，385.

吴康敏，张虹鸥，叶玉瑶，等，2022.粤港澳大湾区协同创新的综合测度与演化特征［J］.地理科学进展（9）：1662-1676.

吴雷，钟一纯，林超然，2023.装备制造业产学研数字化协同创新研发模式选择研究［J］.哈尔滨工程大学学报（6）：1081-1088.

吴卫红，陈高翔，张爱美，2018.基于状态空间模型的政产学研资协同创新四螺旋影响因素实证研究［J］.科技进步与对策（14）：22-29.

吴卫红，丁章明，张爱美，等，2018.基于内外部影响因素的"产学研"协同创新动态演化路径研究［J］.情报杂志（9）：199-207.

吴卫红，冯兴奎，张爱美，等，2022.跨区域协同创新系统绩效测度与优化研究［J］.科研管理（7）：29-36.

吴笑，魏奇锋，顾新，2015.协同创新的协同度测度研究［J］.软科学（7）：45-50.

吴艳婷，张书豪，于海生，2023.山东省城市协同创新网络结构特征与创新效率研究［J］.鲁东大学学报（自然科学版）（3）：217-224.

夏丽娟，谢富纪，付丙海，2017.邻近性视角下的跨区域产学协同创新网络及影响因素分析［J］.管理学报（12）：1795-1803.

夏太寿，张玉赋，高冉晖，等，2014.我国新型研发机构协同创新模式与机制研究：以苏粤陕6家新型研发机构为例［J］.科技进步与对策（14）：13-18.

谢刚，邵季雯，李文鹣，2022."一带一路"背景下数字通信领域跨国专利合作特征及网络演化研究［J］.技术经济（2）：15-25.

徐维祥，周建平，周梦瑶，等，2022.长三角协同创新网络韧性演化及驱动机制研究［J］.科技进步与对策（3）：40-49.

徐宜青，曾刚，王秋玉，2018.长三角城市群协同创新网络格局发展演变及优化策略［J］.经济地理（11）：133-140.

许天云，杨凤华，2023. 长三角区域科技协同创新水平测度及提升研究 [J]. 科技与经济（1）：11-15.

许学国，马聪聪，李烨，2023. 面向关键核心技术突破的区域创新网络协同驱动研究：以长三角 IC 产业链为例 [J]. 上海管理科学（1）：18-27.

薛传利，2016. 基于网络治理的物流服务业协同创新研究 [J]. 工业经济论坛（3）：275-282.

阎波，程齐佳徽，杨泽森，等，2019. 地方政府如何回应"推进'一带一路'建设科技创新合作"?：一项比较案例研究 [J]. 管理评论（2）：278-290.

阳昕，周怡，张敏，等，2020. 中国与共建"一带一路"国家跨国专利合作现状研究 [J]. 科技管理研究（8）：191-199.

杨春白雪，曹兴，高远，2020. 新兴技术合作创新网络演化及特征分析 [J]. 科研管理（7）：20-32.

杨凡，杜德斌，段德忠，等，2023. 长三角产学协同创新的空间模式演化 [J]. 资源科学（3）：668-682.

杨燕红，徐立青，2023. 创新要素集聚与区域协同创新：基于长三角 G60 科创走廊的网络实证 [J]. 科技与经济（2）：21-25.

姚辉斌，彭新宇，2021. "一带一路"沿线国家制度环境对中国农产品出口贸易的影响研究 [J]. 农业技术经济（4）：17-29.

叶春蕾，2019. 中国与共建"一带一路"国家农业科学领域科技合作态势分析 [J]. 科技管理研究（12）：38-45.

叶阳平，马文聪，张光宇，2016. 中国与共建"一带一路"国家科技合作现状研究：基于专利和论文的比较分析 [J]. 图书情报知识（4）：60-68.

伊辉勇，陈豪，2022. 成渝双城经济圈高新技术产业集群协同创新网络结构及演化研究 [J]. 科技与经济（5）：26-30.

殷存毅，刘婧玥，2019. 所有制区隔与跨域合作创新：基于 2005—2015 京、沪、深三大城市专利数据分析 [J]. 中国软科学（1）：82-97.

尹翀，丁青艳，崔颖新，等，2022. 基于双元超网络的中原城市群协同创新机制：以先进材料产业为例 [J]. 科技管理研究（11）：81-94.

尹润锋，2013. 战略导向、领导风格对协同创新绩效作用机理研究 [J]. 科技进步与对策（10）：7-11.

俞建飞，杜李元，2021. 中国与共建"一带一路"国家高质量农业科技合作的常态机制 [J]. 科技管理研究（20）：17-23.

袁剑锋，许治，瞿铖，2017. 中国产学研合作网络权重结构特征及演化研究 [J]. 科学学与科学技术管理（2）：115-126.

张建华，2019. "一带一路"国际农业技术合作模式、问题与对策研究 [J]. 科学管理研究（6）：166-170.

张曼，菅利荣，2021. 高技术产业产学研协同创新效率研究：基于行业的动态分析 [J]. 当代经济管理（3）：25-33.

张万宽，刘嘉，2013. 基于网络治理与利益相关分析的盐碱地改良产业化协同创新研究 [J]. 科学管理研究（5）：58-62.

张艺，许治，朱桂龙，2018. 协同创新的内涵、层次与框架 [J]. 科技进步与对策（18）：20-28.

张瑜燕，2023. 以上海科技创新合作为例，推动共建"一带一路"高质量发展 [J]. 华东科技（5）：91-94.

赵菁奇，金露露，王泽强，2021. 长三角区域创新共同体建设研究：基于技术创新政策效果评价的视角 [J]. 华东经济管理（5）：40-46.

赵泽斌，韩楚翘，王璐琪，2019. 国防科技产业联盟协同创新网络：结构与演化 [J]. 公共管理学报（4）：156-167，176.

赵哲，2022. 大学与企业协同创新的影响因素及深化路径：基于大学创新主体视角的实证研究 [J]. 科技管理研究（11）：95-101.

郑季良，王少芳，2018. 高耗能产业群协同创新网络运行机制研究 [J]. 科技和产业（1）：17-22，76.

周国华，李施瑶，夏小雨，2020. 基于利益分配的复杂产品协同创新网络合作行为演化研究 [J]. 技术经济（3）：10-19，29.

周涵婷，余晓，宋明顺，2017. 浙江省高校产学研协同创新网络结构特征分析 [J]. 科研管理（S1）：164-170.

周文辉，杨汝岱，侯新烁，2020. 世界服务贸易网络分析：基于二元/加权视角和QAP方法 [J]. 国际贸易问题（11）：125-142.

BARABASI A L, ALBERT R, 1999. Emergence of scaling in random networks [J]. Science, 286 (5439)：509-512.

BIAN Y J, 1997. Bringing strong ties back in：indirect ties, network bridges,

and job searches in China [J]. American Sociological Review, 62 (3):
366-385.

BRASS D J, GALASKIEWICZ J, GREVE H R, et al., 2004. Taking stock of
networks and organizations: a multilevel perspective [J]. Academy of Man-
agement Journal, 47 (6): 795-817.

BURT R S, 1992. Structural holes: the social structure of competition [M].
Cambridge, MA: Harvard University Press.

ETZKOWITZ H, LEYDESDORFF L, 1995. The triple helix-university-industry-
government relations: a laboratory for knowledge based economic development
[J]. EASST Review, 14 (1): 11-19.

ETZKOWITZ H, LEYDESDORFF L, 2000. The dynamics of innovation: from
national systems and "Mode 2" to a triple helix of university - industry -
government relations [J]. Research Policy, 29 (2): 109-123.

FREEMAN C, 1987. Technology policy and economic performance: lessons from
Japan [M]. London: Frances Pinter publishers.

GLOOR P A, 2006. Swarm creativity: competitive advantage through
collaborative innovation networks [M]. Oxford: Oxford University Press.

GOERZEN A, BEAMISH P W, 2005. The effect of alliance network diversity on
multinational enterprise performance [J]. Strategic Management Journal, 26
(4): 333-354.

GRANOVETTER M S, 1973. The strength of weak ties [J]. American Journal of
Sociology, 78 (6): 1360-1380.

HAKEN H, 1983. Synergetics: an introduction [M]. Berlin: Spring-Verlag.

HERRANZ Jr J, 2008. The multisectoral trilemma of network management [J].
Journal of Public Administration Research & Theory, 18 (1): 1-31.

KETCHEN D J, IRELAND R D, SNOW C C, 2007. Strategic entrepreneurship,
collaborative innovation, and wealth creation [J]. Strategic Entrepreneurship
Journal, 1 (3-4): 371-385.

KOENKER R, BASSETT G, 1978. Regression quantiles [J]. Econometrica:
journal of the Econometric Society, 46 (1): 35-50.

LAURSEN K, MASCIARELLI F, PRENCIPE A, 2012. Regions matter: how localized social capital affects innovation and external knowledge acquisition [J]. Organization Science, 23 (1): 177-193.

LUNDVALL B A, 1992. National systems of innovation: towards a theory of innovation and interactive learning [M]. London: Pinter.

METCALFE S, 1995. Technology systems and technology policy in an evolutionary framework [J]. Cambridge Journal of Economics, 19 (1): 25-46.

NELSON R, 1993. National innovation systems: a comparative analysis [M]. New York: Oxford University Press.

OECD, 1997. National innovation systems [R]. Paris: OECD.

PERSAUD A, 2005. Enhancing synergistic innovative capability in multinational corporations: an empirical investigation [J]. Journal of Product Innovation Management, 22 (5): 412-429.

PHILBIN S, 2008. Process model for university-industry research collaboration [J]. European Journal of Innovation Management, 11 (04): 488-521.

SERRANO V, FISCHER T, 2007. Collaborative innovation in ubiquitous systems [J]. Journal of Intelligent Manufacturing, 18 (5): 599-615.

SOEPARMAN S, DUIVENBODEN H V, OOSTERBAAN T, 2009. Infomediaries and collaborative innovation: a case study on information and technology centered intermediation in the Dutch Employment and Social Security Sector [J]. Information Polity, 14 (4): 261-278.

TOGAR M S, SRIDHARAN R, 2005. The collaboration index: a measure for supply chain collaboration [J]. International Journal of Physical Distribution & Logistics Management, 35 (1): 44-62.

WATTS D J, STROGATZ S H, 1998. Collective dynamics of "small-world" networks [J]. Nature, 393 (6684): 440-442.